THOMAS HOFMANN

Als Trottel ist man glücklicher

novum ▲ pro

Dieses Buch ist auch als
e-book
erhältlich.

Bibliografische Information
der Deutschen Nationalbibliothek:

Die Deutsche Nationalbibliothek
verzeichnet diese Publikation in
der Deutschen Nationalbibliografie.
Detaillierte bibliografische Daten
sind im Internet über
http://www.d-nb.de abrufbar.

Gedruckt in der Europäischen Union
auf umweltfreundlichem, chlor- und
säurefrei gebleichtem Papier.

© 2024 novum Verlag

ISBN 978-3-99146-605-5
Lektorat: Juliane Johannsen
Umschlagfoto:
Robert Kneschke I Dreamstime.com
Umschlaggestaltung, Layout & Satz:
novum Verlag
Autorenfoto: Thomas Hofmann

www.novumverlag.com

Druckprodukt mit finanziellem
Klimabeitrag
ClimatePartner.com/16547-2311-1001

Inhaltsverzeichnis

*„Das Niedrige in der Welt und das Verachtete hat Gott er-
wählt: das, was nichts ist, um das, was etwas ist, zu vernich-
ten, damit kein Mensch sich rühmen kann vor Gott."*
1 Kor. 1, 28-29

Lebenswelt von heute

Betrachtet man die Lebenswelt mit ihrem dazugehörigen Zeitgeschehen von heute, so scheint alles darauf hinauszulaufen, man solle sich stets bemühen, bei allen in Achtung zu stehen und ein möglichst perfektes Bild von sich selbst abzugeben. So wird bereits schon in den letzten Schulklassen gelehrt, in Bewerbungen seine Fehler zu verschweigen, oder Arbeitszeugnisse dürfen keine implizit negativen Urteile enthalten. Auch bei der Partnerwahl kann als modern angesehen werden, nicht mehr mit jenem Menschen, welchen man liebt, etwas anzufangen, sondern denjenigen zu bevorzugen, welcher vernünftiger – in anderen Worten besser und gehaltvoller – erscheint. Schließlich hat nicht zuletzt im Freundeskreis derjenige das Sagen, welcher am meisten zu beeindrucken vermag.

Es ist also kein Wunder, dass der Mensch von heute gerade davon besessen ist, sich gut zu profilieren, seine Schwächen möglichst zu verbergen, um bloß auf keinen Fall als Trottel angesehen zu werden oder den Verdacht zu erwecken, er sei etwas schlechter als die anderen. Denn man will ja schließlich einen guten Job, eine tolle Frau haben und auch sonst bei dem Rest der Welt als jemand gelten, man will *wer sein*. Hier stellt sich zugleich die Frage, vor wem man denn jemand sein möchte. Den meisten Menschen scheint es zu reichen, angesehen bei Vorgesetzten, dem attraktiven Geschlecht und Freunden zu sein, sozusagen als ein geachteter Mensch zu gelten, um die entsprechenden Vorteile daraus ziehen zu können. Dem etwas tiefsinnigeren Menschen wird dies vielleicht nicht reichen, und er will auch vor sich selbst etwas gelten. Er will sich morgens im Spiegel betrachten können, um sich tagtäglich zu sagen, was für eine coole Socke oder toller

Hecht er doch ist. Hierbei stellt sich wiederum die ernst zu nehmende Frage, ob jener Mensch auch wirklich tief im Innersten davon überzeugt ist, wie toll er ist, oder ob er nicht dazu neigt, sich selbst etwas vorzuspielen, um sich letztendlich besser zu sehen, als er wirklich von sich selbst denkt. Am gehaltvollsten scheinen mir jene Menschen zu sein, welche vor Gott als jemand Tolles gelten wollen. Freilich droht hier auch die Gefahr, in eine krankhafte Religiosität zu fallen, in welcher man heiliger sein möchte als der Papst. Dennoch kann Gott als die Objektivität schlechthin angesehen werden und kommt in der eigenen Beurteilung wohl am ehesten dem Gewissen gleich, welches der innerste Kern des Selbst eines jeden Menschen ist. Prinzipiell, denke ich, besitzt jeder Mensch zwei grundsätzlich unterschiedene Arten der Ausstrahlung. Die Ausstrahlung, welche ich als *relative Ausstrahlung* bezeichnen möchte, bestimmt die Attraktivität einer Person. Sie ist unter anderem davon abhängig wie gut und stark sich eine Person zu fühlen vermag und wirkt daher auf das direkt spontane Erscheinungsbild bei anderen Personen. Jene andere, jedoch wichtigere Ausstrahlung, nenne ich *absolute Ausstrahlung*. Sie macht sich meist in der Intuition bemerkbar, ob ein bestimmter Mensch gut oder schlecht sei, lässt uns intuitiv wahrnehmen, wie nett ein Mensch ist, und bestimmt letztendlich auch, wie sehr uns dieser in Gedanken bleibt. Denn sie ist nichts anderes als die im Leben angesammelte Liebe, die ein Mensch in sich trägt. Was bringt es uns letztendlich, wenn uns auch alle Menschen lieben mögen, wir selbst uns aber (wenn auch insgeheim) hassen?! Oder wie Jesus Christus eins sagte: „Was hat ein Mensch davon, wenn er die ganze Welt gewinnt, er selbst dabei aber seine Seele verliert?"[1]

---

1 Mk 8,36

Alfred Adler und das Streben nach Macht

Folgen wir den Ansätzen des großen Psychologen und Freud-Schülers Alfred Adler[2], so ist der Mensch dazu veranlagt, stets nach zwei Dingen zu streben: Gemeinschaft und Macht.

Irgendwo scheint jeder Mensch diese beiden Dinge zu wollen, und ich denke, man kann diese These zumindest auch nicht vollkommen abstreiten. Wie Aristoteles[3] schon sagt, ist der Mensch ein *zoon politikon*, sozusagen ein nach Gemeinschaft strebendes Wesen. Jeder Mensch will und hat in der Regel Kollegen, Bekannte, Freunde, vielleicht auch eine Freundin oder einen Ehepartner. Theologische Ansichten verdeutlichen dies, indem sie behaupten, der Mensch sei aus Liebe geschaffen und zur Liebe hin bestimmt. Und in der Tat entsteht jenes unbeschreibliche Wesen eben auch aus der sexuellen Vereinigung von Mann und Frau, welcher zwar nicht immer, aber grundsätzlich durchaus als ein Akt der Liebe angesehen werden kann. Die grausamen Versuche des Kaisers Friedrich II[4]. zeigten schließlich, dass ein Mensch ohne jegliche Zuneigung nicht einmal des Lebens fähig zu sein scheint und letztendlich sogar zum physischen Tode

---

2 Adler, Alfred, Praxis und Theorie der Individualpsychologie, 19-33, 1920

3 https://www.geisteswissenschaften.fu-berlin.de/we02/griechisch/graezistik/propaedeutikum_phi/PhilProp13_2023/Vogel.html#:~:text=Aristoteles%20bezeichnet%20den%20Menschen%20als,gemeinschaftlich%20(ein)gebunden%20ist am 20.04.2024

4 https://www.spektrum.de/lexikon/psychologie/waisenkinderversuche/16645#:~:text=Er%20wollte%20n%C3%A4mlich%20untersuchen%2C%20ob,Eltern%2C%20die%20sie%20hervorgebracht%20h%C3%A4tten am 21.04.2024

verurteilt ist. Hier können auch Ansätze der heiligen Hildegard von Bingen betrachtet werden, die stets den Zusammenhang zwischen Körper, Geist und Seele betonte, was schon vermuten lässt, inwiefern eine seelische Verarmung auch den Körper in Mitleidenschaft zu ziehen vermag. Letztendlich findet auch der Mensch nur durch den Nächsten zu sich selbst. Wer denkt, er könne auf eigene Faust sein Selbstwertgefühl aufbauen, wird es ebenso schnell wieder verlieren.

Diesem stark in der Seele verankerten Streben nach Gemeinschaft steht nun das ebenso ähnlich starke Streben nach Macht zwar nicht immer, aber doch teilweise sehr oft entgegen. Es liegt wohl im Menschen, dass er sich selbst verwirklichen will, „jemand sein" will, es sich selbst oder den anderen beweisen will, wie gehaltvoll er ist. Auf den verschiedensten Weisen versucht er nun, dies zu tun. Wege dorthin gibt es viele. Die einen versuchen es im Sport, andere durch Bildung und Wissenschaft, wiederum andere engagieren sich politisch. Selbstverständlich tritt man dadurch in den Wettstreit mit anderen, vergleicht sich, wie man denn so dasteht im Vergleich. Da gibt es natürlich die Einen, die besser sind als die meisten, von denen es wiederum aber auch nur manche ertragen können und sich nicht angegriffen fühlen, wenn jemand noch besser ist, was ohnehin immer wieder passieren wird. Aber jenes Streben nach Macht kann auch krankhafte Züge annehmen, nämlich dann, wenn man keinen Besseren mehr duldet. Da es aber nun mal unmöglich ist, immer der Beste und Gehaltvollste zu sein, verbittern solche Menschen sehr schnell, indem sie krankhaft versuchen, sich über andere zu stellen, und hierdurch der Liebe unfähig werden. Oft zeigen sich solche Machtspielchen nicht einmal unbedingt in offiziellen Wettbewerben oder Stellungen, sondern finden in der persönlichen Begegnung statt. Schon alleine der Tatsache geschuldet, dass zwei Menschen nie genau gleichwertig an Intellekt, Ausstrahlung, Moral und Persönlichkeit sein können, entstehen hier oft teilweise auch unausgesprochene innere Konflikte. Es wird gekämpft, wer von beiden denn nun der coolere, intelligentere, kurzum derjenige mit mehr Persönlichkeit ist, und damit über den anderen steht. Einer solchen Verhaltensweise ist es wohl oft geschuldet, inwiefern der potentiell beste Freund gerade die Person sein mag, mit welcher man sich am wenigsten versteht. Gerade dieses Machtstreben zerstört letztendlich die eigene Persönlichkeit, da dies oft auf Kosten des eigenen Gewissens geht, von welchem die Stärke der Persönlichkeit und des Selbstwertgefühls radikal abhängig ist. Gleichsam mit der Persönlichkeit scheint es auch mit dem Intellekt radikal bergab zu gehen, und ich vermute ein solch, oder jedenfalls rebellisches Verhalten steckt unter anderem auch hinter der Entstehung der Demenzkrankheit. Es ist der alte biblische Kampf Satans, welcher sich gegen Gott auflehnt, da er es nicht ertragen kann, jemand noch Höheres über sich zu haben. Dieser Kampf findet ständig und fast überall statt. Unter Arbeitskollegen, im Freundeskreis, ja oft sogar in der eigenen Familie. Insbesondere vermute ich den häufigsten Grund für Ehescheidungen darin, dass sich die Hierarchie innerhalb der Beziehung ändert, und nun die vorerst geistig überlegene Person es nicht ertragen kann, den sonst so überschaubaren Ehepartner plötzlich nun als den geistig Überlegenen akzeptieren zu sollen. Bedenkt man die Tatsache, inwiefern Verschlossenheit und Rebellion immer zum seelisch-geistigen Untergang führen, gegenseitige Annahme und Liebe jedoch immer zum Aufstieg, so wird klar, weshalb geistig hochstehende Menschen, welche es nicht verschmerzen können, nicht die Besten zu sein, sich selbst verderben, während geistig niedrig stehende Menschen, welche sich in ihrer Demut öffnen, schließlich so viel Liebe entwickeln, um zu den Besten zu zählen. So erfüllt sich auf diese Weise das Jesuswort: *„Die Ersten werden die Letzten sein, und die Letzten werden die Ersten sein."*[5]

Es scheint eben doch jeder Mensch tief im Innersten genau zu wissen, was er denn getan und gelassen hat, oder was er

---

5 Mt 19, 29-30

sonst für ein Mensch war in seinem bisherigen Leben, wodurch er durch sein eigenes Gewissen nahezu gezwungen wird, sich daraufhin selbst zu lieben oder sich selbst zu hassen. Die beste Möglichkeit, das Streben nach Macht mit dem gleichzeitigen Streben nach Liebe zu vereinigen, ist wohl, sich bewusst zu werden, inwiefern man an stärkeren Persönlichkeiten selbst wachsen kann. Öffnet man sich für die Liebe und die Freundschaft mit ihnen, wird man schließlich selbst davon profitieren, indem man an Intellekt und Moral hinzugewinnt und so auch selbst in der eigenen Persönlichkeit wächst. Lasst uns also stets nach Menschen suchen, die besser sind als wir selbst, denn sie sind etwas Besonderes, der Ehre und der Achtung würdig, wir können von ihnen lernen, und sie sind es mehr wert, geliebt zu werden, als andere. Es flackert hier gewissermaßen eine religiöse Komponente auf, sich an demjenigen zu orientieren, was über uns steht. Denn die Suche nach immer größeren Persönlichkeiten und Lehrmeistern findet letztendlich in Gott seine erhabenste Form, da er als Höchster über allem und jedem steht. Rudolf Otto bezeichnete dieses Verhältnis einst als *faszinosum et tremendum*[6], als faszinierend und verängstigend zugleich. Wie sehr wir auch von der Größe und Weisheit Gottes angetan sind, wie sehr sie uns auch anzieht, sie wird auch immer etwas Beängstigendes haben, eben weil er so viel größer und mächtiger, und dadurch auf eine gewisse Weise unheimlich und seltsam auf uns wirkt, was wir in abgestufter Weise auch wiederum von besseren Menschen sagen können. Öffnen wir uns jedoch Gott, gewinnen wir nicht nur einen starken Freund an unserer Seite, sondern kommen wir zudem mit uns selbst ins Reine.

---

6 Otto, Rudolph, Das Heilige, S. 13ff, 39ff, 1917

Be connected

Wie sich schon bei Alfred Adler oder auch Aristoteles andeutete, scheint unser ganzes Leben darauf hinauszulaufen, mit anderen innerlich verbunden zu sein. Hierbei ist zu betonen, dass es nicht um möglichst viele oberflächliche Freundschaften und Bekanntschaften gehen mag, sondern um wahrhaftige innere, geistige Vernetzungen. Solche geistigen Vernetzungen sind allerdings nur möglich, insofern ich mein Gegenüber auch respektiere. Wird in heutigen Zeiten *Respekt* oft als bloßes oberflächliches Kommunizieren oder höfliche Umgangsformen verstanden, so denke ich, geht diese Bezeichnung weit an wirklichem Respekt vorbei. Wahrer Respekt ist meiner Meinung nach immer etwas Inneres, ja, eine prinzipielle Bereitschaft, mich vom anderen anrühren zu lassen, offen für eine Freundschaft mit ihm zu sein. So hat nach der Bindungstheorie von John Bowlby die Mutter etwa 2 Jahre nach der Geburt Zeit, um eine stabile emotionale Verbindung zu ihrem Kind herzustellen[7]. Gelinge dies, entwickle sich das Kind positiv, da es ein gewisses Urvertrauen erfahren habe, auf Basis dessen es weitere Entdeckungen und Erfahrungen machen, neue Verbindungen eingehen könne. Gelinge dies der Mutter allerdings nicht, sei das Kind für sein Leben lang geschädigt, da ohne grundsätzliches Urvertrauen auch kein wahres Selbstwertgefühl oder die Basis und Offenheit für Neues geschaffen werden könne. Nicht selten würden sich solche Kinder – welche im Übrigen etwa die Hälfte der Gesellschaft ausmachen – in unguten Leidenschaften verlieren, dem Alkohol oder Drogenkonsum ergeben oder anderweitig auf eine schiefe

---

7 Kindersley, Dorling, Das Psychologie Buch, S. 274-277, 2012

Bahn geraten. Freilich sind die meisten Menschen unserer Gesellschaft keine Drogenabhängigen oder Schwerverbrecher, jedoch würde ich die psychische Stabilität der Masse der Gesellschaft dennoch stark in Frage stellen. Es mag uns wohl klar einsichtig erscheinen, inwiefern eine starke geistige Vernetzung mit anderen Menschen zu Selbstwertgefühl führen mag, aber sich auch wiederum positiv auf die Gesellschaft auswirkt. Der französische Naturwissenschaftler und Theologe Teilhard de Chardin[8] ging sogar so weit, eine Weiterentwicklung des Lebens darin zu sehen. So scheint es wissenschaftlich bewiesen, inwiefern innerhalb der Erdgeschichte bereits mehrere, immer höher entwickelte Menschenarten existierten, wobei hier de Chardin den Urgrund jener Weiterentwicklung in geistiger Vernetzung sieht, welche sich im Laufe der Zeit auch körperlich auszuwirken vermochte. Wer mag wissen, ob der Homo sapiens sapiens die letzte Gattung des Menschen sein wird?! Dies mag freilich die uralte Frage aufwerfen, ob nun die Schöpfungstheorie der Bibel oder doch die Naturwissenschaft recht habe, und ich plädiere dafür, dass es Gott war, welcher jenen naturwissenschaftlichen Prozess angestoßen habe, wobei ich den Affen bereits mehr als Mensch als als Tier sehe. Doch zurück zur geistigen Vernetzung. Ausschlaggebend für die seelische Entwicklung ist wohl wie gesagt nur die wahre Verbindung zu anderen Menschen. Mit je mehr Personen ein Mensch geistig vernetzt ist, desto mehr Persönlichkeit mag er haben, desto mehr wird er sich „getragen" fühlen und wissen, was sich natürlich auch positiv auf das Selbstwertgefühl auswirken mag. Kommt es zu Streitigkeiten, ist des Öfteren jenes Phänomen zu beobachten, bei welchem sich der eine nonverbal abgelehnt fühlt und daraufhin zu wüten beginnt, während der andere sich etwa durch entgegengebrachte Beschimpfungen legitimiert sieht, den anderen gerade erst recht abzulehnen. Doch oft sind unsere Vernetzungen und Beziehungen vielleicht nicht so, wie wir uns diese den-

---

8 De Chardin, Teilhard, Auswahl aus dem Werk, S. 98-111, 1967

ken. So mag es sein, dass wir mit dem eigenen Ehepartner vielleicht gar nicht mal so stark verbunden sind, und es fällt sicher nicht leicht, zuzugeben, eine stärkere geistige Verbindung mit dem Metzgerei-Fachverkäufer um die Ecke zu haben, insofern es denn wirklich so ist. Aber wahrscheinlich stehen uns wirklich manchmal flüchtige Bekannte seelisch näher als offizielle Freunde. Prinzipiell, denke ich, liegt der Unterschied zwischen einem Bekannten und einem Freund darin, inwiefern uns beide in der Distanz mögen, aber nur der Freund dies in der persönlichen Begegnung auch zum Ausdruck bringen mag, während der Bekannte in der Regel eher distanziert bleiben mag. Aber auch hier gibt es freilich Mischformen. Sind wir hingegen in einen Menschen verliebt, befinden sich unsere Seelen im Stadium geistigen Zusammenwachsens, während bei echter Liebe bereits eine feste geistige Bindung zu bestehen vermag, welche dann nicht mehr übertrieben emotional ist, sondern eher eine tiefe Vertrautheit intendiert. Primär aber wird eine Beziehung wahrscheinlich eher durch jene Zeit der Abwesenheit aufrechterhalten als durch die Zeit der personalen Begegnung. Wird nämlich in Zeiten der Abwesenheit schlecht voneinander gedacht, wird sich im Stillen die Beziehung von sich aus erledigen und es wird das Bedürfnis, sich wieder beim anderen zu melden, abhandenkommen. Gerade deshalb ist es enorm wichtig, unsere Begegnungen auch weiter im Herzen zu tragen und unsere Bekannten nicht abzulehnen, sobald diese von der Bildfläche verschwunden sind, was sich als ganz selbstverständlich von einem aufrichtigen Menschen verstehen sollte. Mit gewissen Menschen hingegen kann man eher vernetzt sein, wenn man sich in Distanz hält. Es sind Menschen, welche grundsätzlich nichts gegen einen haben, aber sich innerlich dennoch gegen eine Freundschaft wehren. Dies können sowohl Bekannte als auch ehemalige Freunde sein. Sucht man hier Kontakt, wird sich die Beziehung dramatisch verschlechtern, während in der Distanz dennoch eine gegenseitige Wertschätzung und Harmonie zu spüren sein mag. Auch eine Freundschaft kann sich erheblich bessern, wenn man sich nicht jeden Tag sieht, da sie hierdurch weniger zur Gewohnheit verkommen mag und auf diese Weise etwas Besonderes bleibt. Wir neigen oft dazu, Menschen, welche wir mögen, als *gute Menschen* zu betiteln, während wir verhasste Menschen als böse bezeichnen. Hier wollen wir uns bewusst machen, inwiefern das eine mit dem anderen nicht grundsätzlich etwas zu tun haben muss. Ein Mensch kann uns zugeneigt sein, da er uns attraktiv, sympathisch oder anderweitig positiv empfinden mag, während er ansonsten das größte Schwein der Stadt ist. Folglich mögen wir ihn. Bei einem anderen Menschen hingegen lösen wir aus irgendeinem Grund einen Komplex aus, oder wir geraten zufällig mit ihm in Streit. Folglich mögen wir ihn nicht, obwohl er vielleicht abgesehen davon der feinste Mensch des gesamten Bezirks sein mag. Wie oben bereits angesprochen, ist es immer ratsam, möglichst aufgeschlossen und vernetzungswillig durch das Leben zu gehen, was allerdings nur durch innere Ruhe und Gelassenheit möglich ist. Ich möchte diesen Abschnitt mit einem Gedanken des großen Geisteswissenschaftlers Wilhelm von Humboldt beenden, welcher zu bedenken gab, dass es doch immer unsere Beziehungen zu anderen Menschen seien, welche das Leben erst lebenswert machen würden[9].

---

9 https://gutezitate.com/autor/wilhelm-von-humboldt am 15.04.2024

Es ist entspannend, ein Trottel zu sein

Schon allein daher lohnt es sich, nicht zu rebellieren, denn die Rebellion ist meiner Meinung nach der Vater der Selbstzerstörung. Wir werden hierauf später noch genauer zu sprechen kommen. Auch ist wohl jede äußere Rebellion oder Demonstration genau dann am niveau- und wirkungsvollsten, wenn im Selben dabei auf innere Rebellion verzichtet wird. Dasjenige, was wir oft so sehr festhalten, und es sich gleichzeitig so sehr lohnt abzulegen, ist unser Stolz, welchen schon der heilige Augustinus[10] im 4. Jahrhundert als Wurzel allen Übels bezeichnete. Als moderne Menschen sind wir gewohnt zu denken, wir seien nichts ohne unseren Stolz, sozusagen der Niveaulosigkeit und Erbärmlichkeit preisgegeben. Das Gegenteil ist der Fall. Unser Stolz ist es nämlich, der uns vieles entgehen lässt, von vielem Guten fernhält und uns in die schwierigsten Komplexe führt. Hierzu gibt es einige Beispiele:

Verzeihe ich einem Freund aus Stolz nicht sein Vergehen, werde ich mit ihm weiter in Streit und Feindschaft leben. Ich werde vielleicht verhasst und verbittert werden und keinen Frieden mehr finden, wovon die Komplexe ganz von allein kommen. Stattdessen, wenn ich meinem Freund (oder auch Feind?!) verzeihe, bleibe ich nicht nur von den Komplexen verschont, sondern es steht einer guten Zeit mit ihm nicht mehr viel im Wege. Hierbei ist immer wieder zu beobachten, inwiefern Menschen eher bereit sind zu verzeihen, je geringer der Anteil der eigenen Schuld ist. Oft scheint es unmöglich, eine Lüge zu verzei-

---

10 https://www.gehaltvoll-magazin.de/selbstvertrauen am 21.04.2024

hen, aber wahrscheinlich eben nur deshalb, weil man selbst von Zeit zu Zeit eine Menge an Gehässigkeiten gegenüber den anderen losgelassen hat, welche man bei einer Versöhnung quasi mit einsehen müsste.

Lerne ich einen Menschen kennen, der besser und intelligenter ist als ich, kann ich ihn entweder im Stolz abweisen und seine Lehre als Schwachsinn abtun, um nicht zugeben zu müssen, inwiefern jener Mensch intelligenter und gehaltvoller als ich ist. Gestehe ich ihm aber dies zu, werde ich von nun an mit Weisheit überschüttet, viel erfahren, viel neues Interessantes lernen, und auf diese Weise selbst ein intelligenterer und gehaltvollerer Mensch werden. Es ist, wie der renommierte New-York-Times-Autor Ryan Holiday[11] einst betonte: Die größten Persönlichkeiten waren sich nie zu schade, sich selbst auf die Schulbank zu setzen und Neues hinzuzulernen. Ähnliche Gedanken hegte etwa 150 Jahre zuvor auch schon der amerikanische Philosoph Ralph Waldo Emerson, welcher darauf hinwies, dass jeder Mensch in irgendetwas besser sei als ein anderer. In der Praxis mag dies wohl bedeuten, dass auch ein Hochschulprofessor von einem Metzgerlehrling lernen kann, wie man ordnungsgemäß eine Sau schlachtet. Ich möchte diesen Gedankengang mit einem Ausruf des großen Johann Wolfgang von Goethe beenden, welcher betonte, dass der liebe Gott dem Menschen nur einen Mund, jedoch zwei Ohren gegeben habe.[12]

Schließlich kann man als sogenannter Trottel auch weniger leicht gekränkt und in seinem Stolz verletzt werden. Denn wer keinen Stolz hat, dessen Stolz kann auch nicht gekränkt werden. Mit Stolz ist hier nicht etwa Selbstwertgefühl gemeint, sondern eher ein kranker Stolz im Sinne von Eingebildetheit und Arroganz. Wobei jeder Mensch, wenn er nur ehrlich genug ist, sich eingestehen muss, nie ganz frei von krankem Stolz zu sein, wo-

11 Holiday, Ryan, Dein Ego ist dein Feind, S. 138-144, 2017
12 https://www.theologie.uzh.ch/predigten/altepredigten/
    predigt.php?id=7676&kennung=20180325de am 20.04.2024

mit sich der Autor dieses Buches keineswegs ausschließen möchte. Jeder Mensch sieht sich, wie eben Alfred Adler einst betonte, gerne über dem anderen, sieht sich selbst gerne als die starke, tolle Persönlichkeit. Doch zurück zum Kerngedanken dieses Abschnittes: Je mehr krankhaften Stolz ein Mensch in sich trägt, desto leichter kann er verletzt werden. In anderen Worten: Für den einen ist es bereits eine Katastrophe, wenn er als Idiot bezeichnet wird, für den nächsten wird es erst ernst, sobald ihm ins Gesicht gespuckt wird, und die wohl auch sonst entspanntesten Menschen würden die Fassung verlieren, wenn sie in aller Öffentlichkeit mit einem Eimer Jauche übergossen werden würden. Hier ist es immer die innere Stimme, die an einem gewissen Punkt sagt: *„Mit mir nicht"* oder *„Das lasse ich mir nicht gefallen"*. Es klingt provokant, aber ist zugleich auch sehr tiefsinnig, an selber Stelle zu sagen: *„Kannst Du schon machen mit mir"*. Letztendlich ist es wahrscheinlich vom Selbstwertgefühl abhängig, wie viel man mit sich machen lassen kann. Aber nicht in der gewohnten Weise, wie es die Welt von heute einschätzen würde, sondern genau in entgegengesetzter Weise. Denn jener Mensch mit einem sehr geringen Selbstwertgefühl rastet aus, sobald man ihn als Idiot bezeichnet (zumal vielleicht auch aufgrund dessen, da man damit eine Wahrheit ausspricht, welche er sich selbst nicht eingestehen möchte), während der selbstbewusste Mensch es leichter ertragen kann, auch mal angespuckt zu werden, weil er weiß, wer er ist, und dies auch noch dann weiß, wenn er von anderen gedemütigt wird. An dieser Stelle wage ich sogar zu behaupten, ein Mensch könne (nicht müsse) unter Umständen sogar umso selbstbewusster werden, je mehr er in seinem bisherigen Leben erniedrigt und gedemütigt wurde. Vermutlich wird ein Mensch, der mit Jauche übergossen und bespuckt wurde, kein großes Problem mehr damit haben, wenn ihn jemand „Idiot" nennt. Und ein Mensch, der in der Öffentlichkeit bloßgestellt wurde, wird es vermutlich auch leichter ertragen, von einem wildfremden Menschen auf der Straße gedemütigt zu werden. Er wird vielleicht anfangs mit den großen Demütigungen zu kämpfen haben und sein Herz verschließen, aber mit der Zeit wird er begreifen, inwiefern ihn diese zu keinem schlechteren Menschen machen, dass eventuell zwar sein Ansehen in der Öffentlichkeit dadurch beschmutzt, niemals aber sein eigener Wert angetastet wurde. Ein Genie, welches angespuckt und verhöhnt wird, bleibt eben trotzdem ein Genie, und wenn man an Jesus Christus denkt, wird seine Genialität damit vielleicht sogar noch bestätigt und erhöht. Es ist wohl eines der großen Paradoxen dieser Welt, welches einen Menschen umso größer und reifer werden lässt, je mehr er einst erniedrigt wurde, aufgrund dessen, da aus der Erniedrigung wiederum eine Kraft entspringt.[13] Und irgendwie scheint immer der Depressive das potentielle Genie zu sein, welches es aus irgend einem Grund noch nicht geschafft hat, seinen Peinigern zu verzeihen.

---

13 Adler, Alfred, Praxis und Theorie der Individualpsychologie, S. 48-52, 1920

Mut zur Wahrheit

In dieser Welt herrscht wie bereits gesagt jedoch der Gedanke vor, nicht demütig sein zu müssen. Derjenige, der die Wahrheit sagt, scheint der Dumme zu sein. Er ist nicht nur derjenige, welcher peinliche Dummheiten über sich selbst zugibt, um sich dadurch lächerlich zu machen, sondern er gesteht sich auch selbst Dinge und Gegebenheiten zu, die ihn als Trottel und Verlierer kennzeichnen. Es ist wohl, wie einst schon die bekannte Schriftstellerin Anais Nin[14] behauptete, dass jeder Mensch seine eigene Welt in etwa so sehe, wie er selbst sei. Will bedeuten, weniger reflektierte Menschen neigen stark dazu, die Dinge so zu sehen, wie es ihnen als angenehm erscheint. Es ist eben leichter zu sagen, man sei vom Chef verkannt und nie wirklich geschätzt worden, anstatt sich das eigene Unvermögen und die Faulheit einzugestehen, die zur Entlassung führten. Es ist einfacher zu sagen, man finde eine Frau, die ohnehin die eigene Liebe nicht verdient habe, nicht mehr attraktiv und interessant, anstatt zuzugeben, eigentlich total von ihr besessen zu sein, aber nicht das Niveau zu besitzen, um an sie ranzukommen. Und es ist schließlich auch erst einmal angenehmer, eine gut gemeinte Zurechtweisung als Beleidigung und persönlichen Angriff aufzufassen, anstatt damit aufhören zu müssen, jeden dritten Tag mit einer anderen Person zu schlafen.

Doch macht das alles schon Sinn, wenn wir ständig von der Wahrheit in eine Scheinwelt flüchten, nur um uns vermeintlich besser fühlen zu können, oder wissen wir vielleicht tief in unse-

---

14 https://seelenfutter.barfuss-und-wild.de/kleineweisheit-1196 am
    21.04.2024

rem Inneren sogar, dass wir uns selbst belügen und unser ganzes Leben nichts weiter als eine billige Fassade ist?! Freilich würden wir es uns nie eingestehen, aber nur weil wir Klaus nicht kennen wollen, heißt es ja auch nicht, dass Klaus nicht existiert. Und eine Wahrheit, welche weder ausgesprochen noch zugestanden wird, wirkt eventuell sogar noch umso stärker, jedoch eben im Unterbewussten. Es ist interessant, inwiefern der große Philosoph der Aufklärung, Immanuel Kant[15], die Lüge nicht primär als Unart gegen andere Menschen, sondern als Unart gegen uns selbst verstand. Nicht andere Menschen tragen den Hauptschaden unserer Lüge, sondern wir selbst sind es, welche unter unserer eigenen Lüge zu leiden haben. Er erläuterte dies unter dem Aspekt, da jeder Lügner ja (im Innersten seines Geistes) wisse, gelogen zu haben, was ihn in seinen eigenen Augen verächtlich erscheinen lassen muss. Wie hier deutlich wird, scheint die Lüge also zu Selbstverachtung und damit auch zur Zersetzung der eigenen Persönlichkeit zu führen. Es mag wohl paradox klingen, jedoch neigen sehr ehrliche Menschen dazu, selbstkritisch zu sein, während unehrliche Menschen stets ein gutes Bild von sich selbst haben mögen. Doch liegt dies vielleicht nicht an jenem Grunde, da sich ein unehrlicher Mensch selbst belügt, und nicht den Mut besitzt, sich dem wirklichen Elend seines innersten Selbst zu stellen?! Ein altes Sprichwort sagt: „Einsicht ist der erste Weg zur Besserung." Und wahrscheinlich ist wirklich der größte Sprung schon dann getan, wenn der Alkoholiker, der Spiel- oder Sexsüchtige sich selbst eingesteht, dass seine Verhaltensweisen nicht mehr viel mit purem Genuss zu tun haben. Schon alleine deshalb sollten wir stets offen für Kritik sein. Es gibt freilich auch bös gemeinte Kritik, welche nur die pure Herabsetzung der Person im Sinn hat, aber grundsätzlich, denke ich, ist jede Kritik ernst zu nehmen. Anstatt sie wie vielleicht bereits gewohnt schroff zurückzuweisen oder zum Gegenangriff überzugehen, sollte sich ein Kritisierter immer zuerst fragen,

---

15 Kant, Immanuel, Metaphysik der Sitten, 562-564, 1977

ob es vielleicht nicht wirklich so sein könnte, wie dieser andere gerade behauptet. Allerdings verliert meiner Meinung nach sogar derjenige, der jemand anderen ablehnt, das Recht, ihn kritisieren zu dürfen. Denn man wird es wahrscheinlich eher nicht schaffen, eine abgelehnte Person völlig objektiv und rational zu beurteilen, sondern dazu neigen, sich auf dem Grunde der aus der ablehnenden Haltung kommenden Emotion aufzuhalten[16]. Hinzu kommt natürlich die Tatsache, dass jedes Unrecht Wut und Zorn erzeugt. Will heißen, auch wenn wir selbst Unrecht begehen, sind wir erst einmal sauer und wütend. Da wir aber nicht zugeben möchten, etwas falsch gemacht zu haben, suchen wir diesen Grund des Zornes bei jemand anderen, weshalb die schlimmsten Leute auch meistens diejenigen sind, für die alle Menschen als böse gelten, was auch schon der Psychologe Raffael Bonelli[17] bemerkte. Doch die Wahrheit wirkt trotzdem weiter. Die Tatsache, nicht an die Wahrheit zu glauben, ändert eben nichts an der Wahrheit. Doch sie ändert etwas in uns selbst: Sie macht uns böse, dumm, und oberflächlich. Wir kommen ins Unreine mit uns selbst, wenn wir nicht mit der Wahrheit gehen, weshalb auch der große neuzeitliche Philosoph Sören Kierkegaard[18] die Leugnung Gottes als Selbstzerstörung der Persönlichkeit deutete.

Aber wie wäre es denn, einmal zu versuchen, die Menschen und die Dinge radikal so zu sehen, wie sie wirklich sind. Gleichzeitig darf hier die jeweilige Subjektivität des Menschen, über welche er nicht hinauskann, ernst genommen werden, womit sich auch schon Kant beschäftigte. Hier ist es interessant zu beobachten, wie verschiedene Menschen unterschiedliche Literatur, Musik, Kunst, ja selbst verschiedenartige andere Menschen für

16 https://www.manufaktur-wachstum.de/artikel/die-12-wichtigsten-wahrnehmungs-und-beurteilungsfehler am 17.04.2024
17 Bonelli, Raphael M, Selber Schuld!, S. 105-133, 2016
18 Kierkegaard, Sören, Die Krankheit zum Tode, u.A, S. 168-177, 1976

ansprechend oder eben weniger ansprechend halten. Ich persönlich denke, dies geschehe nach dem altbekannten Grundsatz: Gleiches gesellt sich gern mit Gleichem. Bin ich selbst ein eher primitiver, ungebildeter Mensch, werde ich wahrscheinlich gern schmutzige Gossenliteratur lesen, mich an Aggro-Musik erfreuen und Peniszeichnungen interessant finden. Anständige Menschen sympathisieren vielleicht mit Abenteuerromanen und Rockmusik, während äußerst gehaltvolle Menschen gern Goethe oder Schiller lesen, oder Freunde haben, welche sich ehrenamtlich engagieren. Hierbei ist es freilich nicht immer leicht, einzugestehen, inwiefern nicht Goethe oder Schiller verkorkste und komplizierte Literaten sind, sondern ich schlicht und einfach nicht auf dem geistigen Niveau bin, dass mich so etwas anspricht. Auf diese Weise beschäftigt sich irgendwo bewusst oder unbewusst jeder Mensch mit dem gern, was seinem eigenen inneren Gehalt in etwa entspricht. Ja sogar die Menschen, zu welchen es uns hinzieht, unsere Freunde oder unser Ehepartner scheinen in etwa unserem eigenen Niveau entsprechen zu müssen. Hierbei, denke ich, gibt es zwei Arten, welche anziehend wirken, jedoch nicht immer gleichzeitig auftreten: Ähnliche Bildung und ähnliche Moralvorstellungen.

Diese Gedanken sollen allerdings nur den Geschmacksunterschied erklären, und nicht zur Abwertung anderer oder Erhöhung der eigenen Person beitragen. Schließlich wird der eingebildete Mensch erst dadurch eingebildet, indem er sich selbst mehr Niveau als anderen zuspricht, womit er wiederum auch seine Verschlossenheit rechtfertigt. Echtes Niveau aber kennt nur Offenheit. Ein wirklich niveauvoller Mensch wird auch kein Problem damit haben, sich gemütlich und ausgelassen mit Obdachlosen oder Verbrechern zu unterhalten. Er wird sich nicht erniedrigt fühlen, wenn er Gossenliteratur liest oder primitive Musik hört. Er wird sie vermutlich nicht so ansprechend wie die Deutsche Klassik empfinden, jedoch dennoch eine gewisse Offenheit auch für das Einfältige an den Tag legen. Insofern können wir uns alle ein Beispiel an Jesus Christus nehmen, welcher stets die Gegenwart von Verbrechern, Zöllnern und Huren suchte, um diese letztendlich zum Besseren zu führen. Aber noch einmal zurück zu jenen ungeschminkten Gedanken, welche diesen Abschnitt bestimmen sollen.

Wie wäre es denn, wenn wir nicht mehr nach Gutdünken und dem Angenehmen, sondern nach objektiver Wahrheit fragen würden?! Ein Mensch wird sich besser und stärker entwickeln, wenn er in der Wahrheit lebt. Er wird dadurch nicht nur moralischer und intelligenter, sondern darüber hinaus auch noch um einiges selbst-bewusster werden. Letztendlich haben wir selbst die Wahl: Entweder wir halten uns schon jetzt für ein Genie, um jedoch unser ganzes Leben lang in Wahrheit ein Trottel zu sein, oder wir gestehen uns heute ein, gewissermaßen ein Trottel zu sein, um vielleicht irgendwann in 40 oder 50 Jahren als wahrhaftiges Genie zu sterben.

Sei freundlich zu Deinen Feinden

Schon Jesus Christus predigte die Feindesliebe als die wahrhaftig gerechte Haltung eines Menschen. In Lk 6,32-35 sagt er:

„Wenn ihr nur die liebt, die euch lieben, welchen Dank erwartet ihr dafür? Auch die Sünder lieben die, von denen sie geliebt werden. Und wenn ihr nur denen Gutes tut, die euch Gutes tun, welchen Dank erwartet ihr dafür?"

Wir haben also nicht viel zu erwarten, wenn wir nur die lieben, welche uns selbst lieben. In der Neuzeit, etwa 1800 Jahre später, war es wieder einmal Immanuel Kant[19], welcher erneut den Begriff der Feindesliebe aufgriff, auch wenn er den Begriff der Liebe eher durch Wohlwollen ersetzte, in welcher Linie sich ja auch schon Sankt Augustin bewegte. Es mag vielleicht einleuchten, inwiefern es schwierig sein wird, seinen Feind wirklich emotional zu lieben, als sei er ein guter Freund, sozusagen wahrhaftig Sympathie für ihn zu empfinden und dabei auch noch ehrlich gegenüber sich selbst zu bleiben. Setzt man Liebe jedoch mit Achtung gleich, so ist dies wohl schon eher möglich. Auch jemand, den ich nicht mag, kann ich trotzdem respektieren, um ihm das Beste, ja auch schließlich, dass er ein besserer Mensch werde, zu wünschen. Es ist, denke ich, gut daran getan, nicht zu versuchen oder sich einzureden, verhasste Menschen auf einmal auch emotional zu lieben. Viel ehrlicher scheint es mir hier zu sein, sich die Antipathie gegenüber den betreffenden Personen einzugestehen, aber diese wiederum dennoch zu

---

19 Kant, Immanuel, Metaphysik der Sitten, 530-532, 1977

achten und ihnen Gutes zu wünschen. Weiter legt Kant dar, der Mensch sei von Natur aus etwas rau, was es nicht sonderlich leicht mache, andere – vielleicht auch insbesondere fremde Menschen – zu lieben. Zwar wolle der Mensch oft eigentlich Eintracht und Versöhnung, aber es läge wohl in der Natur des Menschen, immer wieder mehr oder weniger bewusst die Entzweiung anzustreben. Tröstlich allerdings auch, da Kant in diesem Prozess ein geistiges Wachstum des Menschen zu erkennen glaubt.[20] Gerade also deshalb, weil ich meinen Geist offenhalte für die Widerwärtigkeiten des Lebens, ja mich immer wieder von anderen Menschen verletzen und demütigen lasse, werde ich zur moralischen Person und wächst mein Geist, ja meine ganze Seele. Schließlich scheint es wohl so zu sein, man könne keinen anderen Menschen ablehnen, ohne sich dabei nicht ein Stück weit selbst ablehnen zu müssen. Ist der Geist, die Seele verschlossen, bin ich nicht nur verschlossen gegenüber der verhassten Person, sondern auch verschlossen gegen mich selbst, aber auch meine Frau und mein eigenes Kind, welche gerade neben mir stehen. Mit Verschlossenheit jedoch geht die ganze menschliche Person mehr oder weniger den Bach runter, wie sich aus den Schriften des großen Kappadokiers St. Basilius erschließen lässt. Kierkegaard hält die Verschlossenheit selbst als das Wesen des Bösen, während er die Offenheit des Geistes als das Wesen des Guten betrachtet[21]. Lassen wir uns also nicht hinreißen, selbst böse zu werden, nur weil es andere Menschen zu uns sind und waren. Schließlich ist es, wie Sokrates sagte, besser, Unrecht zu erleiden, als selbst Unrecht zu tun. Erlittenes Unrecht lässt sich irgendwie immer ertragen, auch wenn es vielleicht die Wut aufschäumen lässt. Aber in dem Moment, in welchem wir uns zur Rache hinreißen lassen, kommen wir schnell ins Unreine mit uns selbst, da unser getanes Unrecht, hier in Form der Rache –

---

20 Kant, Immanuel, Idee zu einer Allgemeinen Geschichte in Weltbürgerlicher Absicht, in: Berlinische Monatsschrift S. 385-411, 1784
21 Kierkegaard, Sören, Der Begriff der Angst u.A., S. 584-607, 1976

ob wir wollen oder nicht – unser Gewissen belastet. Wir mögen versuchen, uns dies schönzureden. Es kommen die alten Diskussionen über Gerechtigkeit oder die vermeintliche Tatsache, nach welcher es unser Gegner doch verdient hätte und wir damit recht tun, ihm dies oder jenes heimzuzahlen. Die Wahrheit ist jedoch: Kein – auch noch so schlimmes erlittenes Unrecht – rechtfertigt es, selbst Unrecht zu tun. Wir werden immer mit uns ins Unreine kommen, wenn wir verhassten Menschen Böses antun, ich würde sogar sagen, selbst schon dann, wenn wir nicht einmal etwas tun, sondern es ihnen nur wünschen.

Aber wäre es nicht fast übermenschlich und auch ungerecht, über unsere Missetäter nicht einmal zornig sein zu dürfen, ja das erlittene Unrecht völlig gleichgültig hinzunehmen?!

Hier, denke ich, gilt es klar zu unterscheiden zwischen gerechtem und ungerechtem Zorn. Prinzipiell kann gesagt werden, ein gewisses Maß an Wut ist gesund und auch in Ordnung, jedoch Ignoranz und geplantes Unrecht ist immer schändlich und nicht in Ordnung, da es sich in den seltensten Fällen mit dem eigenen Gewissen versöhnen lässt. Deutlich besser, als Unrecht zu planen, ist hier der direkte Weg, bei welchem die aufgestaute Wut dem Missetäter „ins Gesicht" gesagt wird. Lassen Sie mich meine Gedanken in folgendem Beispiel kurz erklären:

Jemand erfuhr aus zuverlässigen Quellen, dass ihm ein anderer Geld geklaut hat. Es ist klar und auch natürlich und mit dem Gewissen vereinbar, dass er jetzt sauer ist. Während er den anderen nun vielleicht auch mit harten Worten zur Rede stellt, um es wieder gut sein zu lassen, sobald ihm jener den geklauten Betrag zurückerstattet, wird es beim krankhaft Zornigen nicht wieder so schnell zu einem Wortwechsel kommen. Stattdessen wird ihn jener zukünftig ignorieren und ihm auf die verschiedensten Weisen zu schaden versuchen. Während der gesunde Zorn zwar auch wirklich wütend ist, aber immer noch die Person als solche zumindest in gewisser Weise respektiert, lehnt der krankhaft Zornige seinen Missetäter von nun an auf ganzer Linie ab und ist auch nicht mehr offen, ihm jemals zu verzeihen.

Der gesunde Zorn, welcher wie bereits erwähnt seine völlige Berechtigung hat, ist vielleicht vergleichbar, wie eine gute Mutter ihrem Kind zornig ist, nachdem es wieder einmal etwas angestellt hat. Der kranke Zorn hingegen geht weit über die betreffende Situation hinaus, macht das Opfer verbittert, und damit unter Umständen sogar noch weitaus Ungerechter als den Übeltäter. In genannten Fällen kennzeichnet sich quasi der gesunde Zorn eher als gesprächsbereit als der ungesunde Zorn, da er den Missetäter auf irgendeine Weise noch anerkennt, ihn nicht völlig ablehnt. Daraus lässt sich nun schließen, inwiefern Wut und Zorn seine Berechtigung haben kann, bewusste Ignoranz und Ablehnung aber niemals gerecht sein können.

Warum anderen helfen?!

Eng verbunden mit dem Begriff der Feindes- und Nächstenliebe ist die Tatsache zu helfen oder nicht zu helfen. Ich denke, wie man sich entscheiden wird, hat sehr viel mit der inneren Haltung gegenüber dem anderen zu tun. Primär helfen wir nicht, und entwickeln hierauf eine positive innere Haltung, sondern die innere Haltung gegenüber der hilfsbedürftigen Person ist in der Regel zuerst vorhanden und wird durch unser Handeln bestätigt. Ähnliche Gedanken finden sich auch schon im Mittelalter, genauer in der christlichen Mystik, bei Meister Eckhart[22]. Aber ist man nicht irgendwie der Dumme, wenn man hilft?! Haben wir nicht schon des Öfteren erlebt, geholfen zu haben und außer Undank nicht viel davon zurückbekommen zu haben? Nicht selten bekommen wir weder unser geliehenes Geld zurück, noch werden wir mit Respekt und Achtung behandelt. Hierzu bemerkt Francois de la Rochefoucauld ganz richtig, inwiefern wir uns lieber mit Menschen umgeben, denen wir selbst helfen, anstatt mit solchen, die uns geholfen haben.[23] Auch mag es wohl sein, dass viele Menschen zwar die Hilfe gerne annehmen, aber wiederum nicht bereit sind, die daraus entstehende seelische Bindung mitzutragen. Man will sozusagen gerne Hilfe bekommen, aber sich gleichzeitig nicht gegenüber dem Helfenden verpflichten, wodurch Kant schließlich zur These kam, man könne sich auch die Feindschaft schenken.

---

22 Meister Eckhart, Ewigkeit inmitten der Zeit, S. 84, 2003
23 La Rochefoucauld, Francois, Spiegle des Herzens, S. 96, 1988

Trotz allem, denke ich, macht es Sinn, zu helfen. Behauptete der zuletzt erwähnte Philosoph doch nicht auch, inwiefern eine gute Tat immer edel und bewundernswert leuchten wird, auch wenn diese in keiner Weise gewürdigt würde, und Goethe gab in etwa zur selben Zeit zu erkennen, man habe nur wirklich für sich selbst getan, was man für andere getan habe[24]. Höchstwahrscheinlich hat eine erbrachte Hilfeleistung immer mehrere Komponenten, von welchen die am deutlichst Erscheinende jene ist, einem in Not geratenen Menschen zu helfen. Jedoch wird man mit einer ehrlich gemeinten Hilfeleistung sich auch meistens in der Gesellschaft, bei Gott, und – last, but not least – bei sich selbst beliebt machen. Während die Bedeutung des Rufes der Gesellschaft bei einem psychisch gesunden Menschen drastisch an Bedeutung verlieren dürfte, fällt das Einschmeicheln bei Gott und sich selbst wohl meist zusammen, da eben der innerste Kern der Person – das Gewissen – auch als Stimme Gottes betrachtet werden kann, insofern man der augustinischen Tradition folgen mag. Schließlich hat man nicht nur einem Menschen geholfen, sondern man weiß eben auch selbst, dass man diesem Menschen geholfen hat. Während zeitgenössische Lebensberater immer wieder fordern, man müsse nur sich selbst annehmen, um sich zu lieben, stelle ich diese Gegebenheit stark in Frage. Vielmehr denke ich, das Selbst werde prinzipiell gesehen wie ein fremder Mensch auch. Man weiß oder glaubt zumindest zu wissen, wie ein anderer Mensch ist oder was dieser und jener getan hat, worauf man diesen Menschen schließlich mag oder nicht mag, annehmen kann oder versucht ist, ihn abzulehnen. Genauso aber weiß der Mensch auch immer (wenn auch oft nur unterbewusst), was er selbst getan, nicht getan, gesagt und nicht gesagt hat, oder wie er auch sonst so ist. Aufgrund dieser Tatsachen werden wir letztendlich von unserem eigenen Gewissen gezwungen, uns selbst zu lieben oder zu hassen, wodurch

---

24 https://dieter-jenz.de/lc/wer-nichts-fuer-andere-tut-der-tut-nichts-fuer-sich-goethe/am 22.04.2024

es uns eben auch leichter oder schwerer fallen mag, uns so wie wir eben sind, anzunehmen oder abzulehnen. Haben wir nun vielen Menschen geholfen, viel Gutes in unserem Leben getan, wird es uns logischerweise wesentlich leichter fallen, uns selbst zu lieben, wodurch sich auch das oben erwähnte Goethe-Wort leicht erklären lässt. Daher wird ein Mensch immer in etwa ein ähnliches Selbstwertgefühl besitzen, je nachdem wie es in seinem Gewissen aussieht. Es muss zwar zugegeben werden, dass auch noch andere Faktoren (z. B. Erfolgserlebnisse, Ruf, Freundeskreis, Bestätigung durch die Gesellschaft) zwar das Selbstwertgefühl entscheidend mitbestimmen, jedoch halte ich das persönliche Gewissen trotz allem für einen der stärksten Faktoren für das Selbstbewusstsein, weshalb sich deswegen alleine schon das anderen Menschen Helfen positiv auszahlt. Betrachtet man die Ausführungen der jüdischen Philosophin Hannah Ahrendt[25], neigen extrem böse, und ich würde hinzufügen, auch extrem gute Menschen dazu, einen Großteil ihrer Taten zu vergessen, da ihre Lebensweise für sie selbst zu etwas Banalen wird, wobei es objektiv gesehen gerade dies nicht ist. Man möchte hier vielleicht meinen, mit dem Vergessen sei auch das Gewissen der Genugtuung entledigt, bzw. von der Belastung verschont, jedoch das Gegenteil scheint der Fall zu sein. Da das Vergessene zwar nicht mehr im Bewusstsein wirkt, wirkt es jedoch umso stärker im Unterbewussten weiter und verdirbt oder heiligt so das ganze Leben der Person, ohne dass dieselbe dies bewusst wahrnehmen mag. Ich denke, hier zeigt sich auch jene Gegebenheit, welche den den östlichen Religionen entspringenden Begriff des „Karmas" am meisten trifft, welcher ja in der heutigen Zeit eine große Renaissance erfährt. Als Karma kann also hier jene Tatsache bezeichnet werden, welche im Unterbewusstsein des Gewissens stets wirksam arbeitet und das Gute bzw. Schlechte ganz automatisch an die Person bringt. Ganz nach dem Motto: *Ist man selbst ein schlechter Mensch, wird man auch schlechte*

---

25 Ahrendt, Hanna, Über das Böse, S. 117-150, 2006

Einstellungen, Gewohnheiten, Freunde, Leidenschaften und Gesell-schaften pflegen, da man diese gewissermaßen anziehend findet, stürzt sich der Mensch hiermit ins eigene Verderben, ohne dies dabei von Anfang an zu bemerken.

Hier kann zurecht eingewendet werden, wie es denn nun wirklich mit der Nächstenliebe stehe, wenn man eigentlich nur um seiner selbst willen helfe, und selbst die großartigsten Hilfeleistungen mehr oder weniger nur dem Egoismus entspringen, sich selbst erhöhen zu wollen. Die Frage ist berechtigt. Bei den meisten Hilfeleistungen jedoch, denke ich, sind immer beide Komponenten vorhanden, wobei weder die eine noch die andere in den meisten Fällen gänzlich fehlt. Man hilft quasi fast immer einerseits, weil einem wirklich was an diesem Menschen liegt, *und* zugleich aber auch, um sich selbst mehr oder weniger bewusst etwas Gutes zu tun. Wäre nur die Komponente der Selbstliebe vorhanden, würde dies sehr schnell vom eigenen Gewissen erkannt werden und höchstwahrscheinlich dazu führen, dass hier zurecht der Selbstruhm ausbleibt, da der Mensch ja selbst weiß, das Gute nur aus egoistischen Gründen getan zu haben. So ist es wohl vergebens, das eigene Gewissen hintergehen zu wollen, denn jenes ist schließlich wie gesagt der innerste Kern der Person, über welchen wir nur bedingt selbst verfügen können.

Achte stets darauf, dass dein Ruf schlechter ist als Du selbst

Wie bereits erwähnt, ist es sehr wahrscheinlich, dass guten Taten auch ein guter Ruf in Öffentlichkeit und Gesellschaft folgen mag. Man zerstört jedoch diese Tat immer ein Stück weit selber, inwiefern man Interesse daran hat, dass diese Tat die Öffentlichkeit erfährt. So gibt schon Thomas von Aquin – der große Philosoph des Mittelalters – zu erkennen, inwieweit wir andere Menschen nicht aufgrund ihrer guten Taten, sondern aufgrund des Ausplauderns ihrer guten Taten unsympathisch finden. Es mag wohl Tatsache sein, dass das Gute noch besser und das Schlechte noch schlechter wird, wenn man nicht davon spricht, da es hierdurch stärker auf das Gewissen wirkt. Erzählen wir jedem Menschen von unseren guten Taten, werden wir uns nicht nur irgendwann selbst dumm dabei vorkommen, sondern – ob von den anderen gewollt oder nicht – auch den anderen Menschen dadurch unsympathisch werden. Mag es zwar vorerst zu Sympathie führen, so wirken Gottes Gesetze jedoch immer, welche besagen, dass unmoralische Handlungen zur Antipathie führen, was wiederum mit dem Weitererzählen der eigenen guten Tat gegeben ist. Leider werden in gewissen Situationen immer wieder Menschen von Presse und Öffentlichkeit dazu genötigt, ihre guten Taten weiterzuerzählen. Ich denke hier an Fernseh- oder Rundfunkbeiträge über Lebensretter oder sonstigen Heldentaten, was meiner Meinung nach den Helden in so großes psychisches Elend stürzen mag, sodass aus der einst guten Tat vielleicht sogar ein negativer Nachgeschmack verbleiben mag. Oder wie würden Sie sich selbst vorkommen, wenn Sie jeden zweiten Tag einer großen Menschenmenge vor laufender Kamera erzählen müssten, wie sie einen Menschen gerettet haben, wie sie sich dabei gefühlt haben, und dass sie aus lauter Mitleid und Herzenswärme gar nicht anders konnten?! Der große Religionsphilosoph Romano Guardini sprach einst von dem Zerfall der guten Tat, sobald man sie ausspreche, und bezeichnete gute Taten als ein Arsenal, welches in dunkleren Zeiten die Existenzberechtigung der Person sichert[26]. Wie oben bereits erwähnt, wirkt eine Tat, egal ob gut oder schlecht, immer umso mehr auf unser Gewissen, je weniger wir davon reden, was zur Folge hat, dass unausgesprochenes Schlechtes unser Gewissen belastet, während unausgesprochenes Gutes unser Gewissen und unsere ganze Person glücklich macht. Auch wird umso mehr psychische Freiheit möglich, je weniger uns unser eigener Ruf interessiert, wobei die höchste persönliche Freiheit wohl dann erreicht ist, wenn man ernsthafte Freude oder Spaß dabei empfindet, sich öffentlich als schlechte oder dumme Person darzustellen, wie es ja auch in heutiger Zeit immer wieder charismatische Menschen tun mögen. Es ist wohl leicht auszumalen, wie es wohl ist, wenn viele Menschen schlecht von uns denken, wir jedoch im Inneren wissen, dass wir viel besser sind. Aber wie belastend ist es, wenn viele Menschen viel Gutes über uns erfahren haben, wir aber im Innersten Bescheid wissen, dass wir selbst nicht so ganz gut sind, oder noch jede Menge anderes Schlechtes getan haben, von dem die Welt nichts weiß?! Ein altes Sprichwort sagt schließlich: „Ist der Ruf erst mal ruiniert, lebt es sich ganz ungeniert", was wohl am besten die Unbeschwertheit beschreiben mag, wenn man erst mal die Last des guten Rufes, welcher ständig bestätigt werden will, verloren hat. Freilich sollte man vielleicht nicht zwingend einen schlechten Ruf anstreben, jedoch lebt es sich leichter, wenn uns unser Ruf gleichgültig ist, wir sozusagen nach dem, was Gott gefällt, streben, was

---

26 Guardini, Romano, Tugenden, S. 193-194, 1963

den Menschen gefallen kann, aber nicht immer gefallen muss. Ich möchte diesen kleinen Absatz mit einem Zitat von Jesus Christus schließen, der da sagt:

„Hütet euch davor, eure Gerechtigkeit vor den Menschen zur Schau zu stellen; sonst habt ihr keinen Lohn von eurem Vater im Himmel zu erwarten. Wenn du Almosen gibst, lass es nicht vor dir her posaunen, wie es die Heuchler in den Synagogen und auf den Gassen tun, um vor den Leuten gelobt zu werden."[27]

---

27 Mt 6,1

Weniger ist mehr

Ein weiterer Aspekt das *Sein* vor den *Schein* zu stellen, ist schließlich die Philosophie „Weniger ist mehr". Mag unsere Kultur wohl immer noch dem Schein folgen, mögen die hübschesten Frauen die besten, die besten Schulnoten die beste Leistung oder das größte Geschenk auch das schönste sein. Ich will hierbei nicht bezweifeln, dass es zwangsweise nicht so ist, jedoch betonen, inwiefern es nur so ist, sobald sich die äußere Leistung auch mit der inneren Haltung deckt. So ist die hübscheste Frau eben nur die Beste, wenn sie auch einen tollen Charakter besitzt, die beste Schulnote nur die beste Leistung, wenn dabei nicht abgeschrieben wurde, oder das größte Geschenk nur das Schönste, wenn es ehrlich gemeint und nicht aus Prestigezwecken geschenkt wird. Auch sollen wir nicht *„plappern wie die Heiden"*[28], um uns wichtigzumachen und letztendlich damit uns selbst zu verkaufen. Lasst uns lieber weniger von uns geben, aber dafür das Gesagte auch so meinen. Am wichtigsten bei all unserem Tun und Handeln ist schließlich die Aufrichtigkeit, mit welcher wir es tun. Entscheidend ist nicht die Quantität, sondern die Qualität. Entscheidend ist, ob wir es aus Überzeugung und gerne oder widerwillig und ungern tun. Lasst uns lieber dem Obdachlosen an der Straßenecke nur einen Euro aus Überzeugung, anstatt 10 Euro geben, um uns nachher über uns selbst zu ärgern. Lasst uns unsere Freunde lieber mit großer Freude einmal die Woche treffen, anstatt sich jeden Tag zu fragen, ob man sich denn schon wieder sehen müsse. Lasst uns unseren Kindern nur ein kleines ehrlich gemeintes Geschenk zum Ge-

---

28 Mt, 6,5

burtstag schenken, anstatt uns darüber zu ärgern, wieder viel zu viel Geld für ihr überteuertes Wunschgeschenk ausgegeben zu haben. Wie gesagt: Wenn wir es fertigbringen sollten, auch das Größere gern zu geben ist dies noch besser, jedoch verliert es seinen Wert, sobald wir es nicht mehr gerne und aus tiefster Überzeugung geben können.

So in etwa sehe ich auch die moralische Entwicklung eines Menschen. Wie einst Franz von Sales[29] sagte, würden wir alle Engel sein wollen, um dabei zu vernachlässigen, gute Menschen zu sein. Vielleicht bringen wir es anfangs wirklich nur fertig, unsere Oma nur ein Mal im Jahr im Altenheim zu besuchen. Doch wenn wir dies stets gerne tun, ist die Wahrscheinlichkeit groß, dies in Zukunft öfters tun zu wollen. Besuchen wir die alte Frau jedoch jede Woche mit Widerwillen, ist die Wahrscheinlichkeit groß, sie irgendwann gar nicht mehr besuchen zu wollen.

---

29 https://www.aphorismen.de/zitat/13903 am 22.04.2024

Demut als christliches Ideal

Jemand, der auch eher auf *weniger* als auf *mehr* setzte, war der große Reformator Martin Luther[30]. Mit seiner Theologie wollte er stets zurück zum Wesentlichen, zum Inneren der Religion, und schwor somit vielen äußeren Bräuchen und Erscheinungsformen ab. Hiermit gelang es ihm zwar teilweise, die christliche Religion wieder zu ihren Kerngedanken zurückzuführen, jedoch beraubte er dieselbe auch um vieles, was von manchen Menschen gewiss auch ehrlich gemeint und durchaus sinnvoll war.

Jedoch das Prinzip des *Weniger*, vielmehr sogar das ganze Wesen der Erniedrigung, der Demut, sozusagen die Betonung des Schwachen, ist dem ganzen Christentum zu eigen. Betrachten wir demnächst seinen Stifter selbst:

Schon als sich die Geburt Christi ankündigte, zweifelte der gute Joseph zunächst, ob nicht seine sonst so brave Maria fremdgegangen sei, da sie plötzlich ohne sein eigenes Zutun schwanger geworden war. Man kann sich fast auf der Zunge zergehen lassen, inwiefern er mit einer stillen Trennung diese nicht beschämen wollte, statt vor Wut auszurasten. Schließlich wurde ihm der Grund der Schwangerschaft doch noch offenbar und so blieb er bei ihr. Auch die Herbergssuche für die Geburt des Herrn war alles andere, als man es sich vielleicht für einen Sohn Gottes vorstellen würde. Nachdem auf der Reise die Wehen einsetzten, wurde das junge Ehepaar (vermutlich war Maria so um die 14) auf der Suche nach einer Unterkunft oft genug abgewiesen, ehe ihnen erlaubt wurde, sich in einem dreckigen

---

30 Luther, Martin, Die Wahrheit macht nicht viele Worte, S. 9-11, 2015

Stall zwischen Ochs und Esel einzurichten, um den Sohn Gottes nach dessen Geburt schließlich in die Futterkrippe jener Tiere zu legen. Aber auch der weitere Verlauf des Lebens Jesu war wohl alles andere, was man sich für einen *König der Könige* erwarten würde. Zwar staunten oft verschiedene Menschen über seine Weisheit, welche nicht verborgen bleiben konnte, jedoch erlernte er zunächst den Beruf seines Vaters und diente der Gesellschaft als einfacher Zimmermann, ohne weiter groß in Erscheinung zu treten. Schließlich brachte er es durch sein öffentliches Auftreten ab seinem 30. Lebensjahr doch noch zu einer gewissen Bekanntheit und Ruhm, jedoch nicht ohne den Preis, immer wieder verspottet, kritisiert und ausgelacht zu werden, insbesondere von der religiösen Oberschicht der damaligen Zeit. Sein Leben sollte schließlich damit enden, verraten, ausgepeitscht, bespuckt, verhöhnt und schließlich in aller Öffentlichkeit durch die so ziemlich grausamste Hinrichtungsart der damaligen Zeit ermordet zu werden.

Doch nun ist das Paradoxe – oder je nachdem wie man es sehen mag –, vielleicht ja sogar das Logische daran, dass genau dieser Mann, welchen noch heute einige Menschen als Verlierer bezeichnen mögen, selbst Gott war und als derselbe noch nach über 2000 Jahren auf allen Kontinenten verehrt und angebetet wird. Entscheidend dafür ist wohl nicht nur das viele Gute, das er getan hat, sondern vor allem seine Auferstehung von den Toten. Wir erinnern uns hier an Kants Worte, inwiefern das Gute nie vergebens ist, selbst wenn es nicht anerkannt wird. Jesus Christus musste wohl so gedemütigt werden, so viel erleiden und ertragen und hinnehmen, nicht nur, um der Welt den richtigen Weg zu zeigen, sondern auch, um letztendlich so viel Liebe in sich zu tragen, um mit dieser sogar würdig zu sein, den Tod zu überleben. Jesu Christi Philosophie ist und war durch und durch eine Philosophie der Liebe, und es mag nahe liegen, dass atheistische Strömungen sie als eine Philosophie der Dummheit verstehen. Man solle seine linke Wange auch noch hinhalten, wenn man auf die rechte Wange geschlagen bekommt – na danke schön.

Man solle auch noch den Mantel geben, wenn einer das Hemd verlangt. Und man solle zwei Meilen gehen, wenn einer einen zwingen würde, eine mit ihm zu gehen. Doch nicht genug. Seine Feinde solle man lieben und für die beten, die einen hassen. „Sonst geht's noch gut, Herr Jesus Christus?!", mögen sich hier vielleicht viele denken und auch schon gedacht haben. Wie bereits der Apostel Paulus schon sagte, ist das Christentum, die ganze christliche Philosophie den Heiden eine Torheit[31]. Aber wenn das Ideal der Demut schon der Sohn Gottes (insofern Sie glauben, dass er das auch wirklich ist) gesagt hat, ferner wir ähnliche Gedanken jedoch in allen großen Religionen, Weltanschauungen und philosophischen Lehren finden, lohnt es sich vielleicht doch, einmal darüber nachzudenken, ob dies nicht so stumpfsinnig ist, wie es vielleicht auf den ersten Blick aussieht.

Letztendlich geht es den Religionen und Lebensweisheiten nicht darum, dass der Mensch bei anderen Menschen angesehen sei, oder stolz auf sich selbst sein kann. Es geht ihnen vielmehr darum, wie er es schaffen kann, sein eigenes Glück zu finden, ein glücklicher, ausgeglichener, zufriedener, intelligenter, aber vor allem auch guter Mensch zu werden. Die Erfahrung über die Jahrtausende zeigt jedoch, dass dies nur durch Liebe möglich ist, welche gerade dann am stärksten wirkt, wenn der Mensch jeglichen Stolz, jegliches Prestigegehabe abwirft, um einfach nur seinem Herzen zu folgen. Folgt ein Mensch aber seinem Herzen, seinem Gewissen, wird er nicht drum herumkommen, sich hier und da blöd vor anderen oder sich selbst vorzukommen und auch gewisse Nachteile einstecken zu müssen. Aber eben um diesen Preis wird er dafür weise und glücklich – noch viel mehr im Jenseits, aber allzu oft auch schon in dieser Welt. Oder wie einst Jesus Christus sagte: „*Wer sein Leben retten will, wird es verlieren, wer es aber um meiner willen verliert, wird es finden.*"[32]

---

31 1 Kor 1, 23
32 Mt 16, 25

Freu Dich, wenn's schlecht läuft

Einer der zweifellos größten christlichen Denker des Mittelalters war Meister Eckhart[33]. Bekannt ist er für seine provokanten, fast anstößigen Aussagen, welche teilweise sogar in eigenem Lager verurteilt wurden. Während es eine Grundfrage der Theodizee (der Frage, wie es denn ist mit der Liebe und der Gerechtigkeit Gottes, angesichts des vielen Leides in der Welt) ist, inwiefern gute, glaubende Menschen leiden müssen, während es den Schlechten, Ungläubigen offenbar gut geht, dreht Meister Eckhart den Spieß um. Provokant sagt er, es wundere ihn, warum Christen oder gute Menschen nicht noch mehr leiden müssen, seiner Meinung nach leiden sie noch nicht genug. Das Kuriose hierbei ist, dass es der alte Meister mit den Christen aber auch nicht schlecht, sondern sogar sehr gut meint. Nach seinem Denken wird nämlich ein Mensch erst durch Leiden wirklich reif. Und damit voller und geistig erhöht. Wir wollen uns langsam an diesen zugegeben nicht ganz einfachen Gedanken herantasten. Stellen Sie sich vor, sie gewinnen eine Million Euro durch ein Glücksspiel. Auf dem Heimweg fällt ihnen aber plötzlich der ganze Koffer samt dem Geld in den Fluss und ist somit unwiederbringlich verloren. War die ganze Geschichte nun gut, oder war sie schlecht?! Während der Durchschnittsbürger diese Geschichte wohl als furchtbar – da der Verlust über das verlorene Geld unerträglich scheint – ansehen würde, wage ich dies stark in Frage zu stellen. Fakt ist, auch durch den Verlust haben Sie weder mehr, aber auch nicht weniger als vorher. Was Sie aber dennoch haben, ist eine Erfahrung. Wir leben schließ-

---

33 Meister Eckhart, Ewigkeit inmitten der Zeit, S. 117, 2003

lich nicht 80-90 Jahre auf dieser Welt, um auf der Couch zu sitzen und nichts zu erleben. Sie waren für einen kurzen Moment ganz oben, um dann wieder auf die Ausgangssituation zurückgestoßen zu werden. Nun liegt es an Ihnen, ob Sie den Rest Ihres Lebens dem verlorenen Geld nachjammern, oder ob Sie sich einfach denken: „*That's life! – Wie gewonnen so zerronnen.*" Jedenfalls haben Sie dadurch eine mehr oder weniger schöne Geschichte erlebt, die Sie unzähligen Menschen, vielleicht auch Ihren eigenen Enkeln erzählen können. Und wer weiß, ob Sie das viele Geld nicht auch noch arrogant gemacht und somit ihren Charakter verdorben hätte. Ein anderes Phänomen, welches sich immer wieder beobachten lässt, mag uns zeigen, inwiefern negativ behaftete Nachnamen sich positiv auf die betreffenden Personen auswirken. So sind unter Menschen, welche Nachnamen wie Waitschies, Schlechtmann oder Böse zu tragen haben, auffallend oft auch sehr positive Charaktere zu finden, vermutlich, weil ein solcher Name leicht dazu führen mag, sich selbst nicht allzu wichtig zu nehmen. In diesen Geschichten ist nun objektiv gesehen noch relativ wenig passiert. Aber wie steht es mit anderen Schicksalsschlägen?! Was ist, wenn Sie bei einem Autounfall drei gute Freunde, und dazu noch Ihre Beine verlieren?! Was ist, wenn Ihr 10-jähriger Sohn an Blutkrebs sterben muss?! Oder was ist, wenn Ihre sonst so glückliche Ehe nach 20 Jahren langsam oder sicher in die Brüche geht, weil Ihre Frau einen Jüngeren gefunden hat?! Ist dann auch noch alles gut? Nun ich denke, es lässt sich zwar einerseits die Tragik all dieser Dinge nicht leugnen, jedoch hat nur Gott den gesamten Plan, und man weiß nie, was im Ganzen dabei herauskommt, zumal wir über Dinge, welche im Jenseits, also nach dem Tod geschehen, so gut wie gar nichts wissen. Die Emotion nennt solche Ereignisse logischerweise tragisch, aber rein rationell betrachtet wissen wir nicht, ob es wirklich so schlecht ist. So könnte beispielsweise der Verlust der Beine vor einem Kriegseinsatz bewahren oder einen schlechten, arroganten Menschen zurück auf den Boden der Tatsachen führen, um ihn letztendlich sogar zu einer glücklicheren und zufriedeneren Person als vorher zu machen. So schlimm auch der Zweite Weltkrieg gewesen sein mag, ist es dennoch sehr wahrscheinlich, dass es den wirtschaftlichen Aufschwung der 1950er-Jahre auf nahezu der ganzen Welt ohne ihn nicht gegeben hätte, womit ich freilich nicht sagen möchte, dass der Krieg eine gute Sache war. Oder betrachten wir die Französische Revolution, welche zunächst auch sehr viel Leid hervorbrachte, schließlich aber das Ende der Feudalherrschaft und den Anfang des modernen Staates bedeutete. Prinzipiell gibt es bestimmt auch noch viele andere solche Beispiele, jedoch meist gelingt es uns nicht, über die tragisch-emotionale Sichtweise hinauszublicken, was ja irgendwo auch verständlich sein mag. Und selbst wenn etwas wirklich nichts Gutes an sich hätte, bzw. das Negative ein wahnsinniges Übergewicht dabei hätte, so würde doch der Leidende ein seelisch-geistiges Wachstum davontragen, insofern er die Situation nur annimmt, wie sie gerade ist. Gerade deshalb ist die Philosophie Meister Eckharts auch auf innere Ruhe und Annahme aller Dinge ausgerichtet, da hierdurch dem Elend sozusagen der Wind aus den Segeln genommen werde. Nehme der Mensch sein Leid an, komme er dadurch nicht nur Gott näher, sondern er werde von seinem Egoismus, seinem Stolz, aber auch seinen Komplexen gereinigt, und somit als Mensch veredelt, so die Philosophie Eckharts. Der große Philosoph des Deutschen Idealismus Gottfried Wilhelm Friedrich Hegel sagte einmal, alles, was auch in dieser Welt geschehe, sei gut und vernünftig, alleine anhand der Tatsache, da es geschehen sei.[34] Auf ähnlicher Linie mag sich wohl auch Aurelius Augustinus bewegen. Am besten hat diese Gesamtschau meiner Meinung nach jedoch Gottfried Wilhelm Leibniz zusammengefasst. So behauptet er in seiner Theodizee, Gott habe keine perfekte Welt, jedoch die beste aller Welten geschaffen. Wie in einem Uhrwerk jedes Rad aufeinander abgestimmt sei, so habe Gott die Welt mit all ihren guten und bösen

---

34 https://philosophenstuebchen.wordpress.com/2012/01/22/
verstand-vernunft-4/am 16.04.2024

Dingen aufeinander abgestimmt, um am Ende schließlich das Beste daraus entstehen zu lassen. Seine Ethik geht daher dahin, jene Gesamtzusammenhänge anzunehmen und nach und nach besser zu begreifen[35]. Und so gäbe es ohne tollpatschige, dumme Erlebnisse auch nichts Lustiges zu erzählen, oder zwei Menschen würden geistig nur weniger miteinander verbunden sein, wenn der eine dem anderen nicht aus Versehen die Soße über das Kleid gegossen hätte.

---

35 Heer, Friedrich, Leibniz, S. 99-108, 1958

Sind wir nicht alle völlig gaga?!

Solch tollpatschige Erlebnisse, ferner sogar auch Erfolgserlebnisse, Verliebtheiten oder Versöhnungen führen bei uns Menschen meist dazu, geistig überfordert zu sein. Dies äußert sich nun insofern, dass unser Geist etwas verdreht scheint, wir nicht mehr ganz bei uns selbst sind. Letztendlich steckt hinter all diesen Erlebnissen, seien sie positiv oder negativ, wahnsinnig viel Liebe, mit welcher Menge wir teilweise hoffnungslos überfordert sind. In jenem Zustand sind wir weder selbstbewusst noch sonderlich originell und intelligent, noch wirken wir sonderlich attraktiv, oder haben eine starke Ausstrahlung. Jenen „Trottel", welchen den Titel meines Buches beschreibt, stellt wohl nichts mehr dar als dieser eben genannte Zustand der geistigen Verwirrtheit. Es ist leicht zu erahnen, inwiefern viele Menschen mit diesem geistigen Zustand ein ernsthaftes Problem haben. Da ist man plötzlich nicht mehr die selbstbewusste, starke Persönlichkeit, sondern ähnelt eher einem Volltrottel. Mögen viele Menschen vielleicht noch gut damit zurechtkommen, von anderen als Idiot angesehen zu werden, so fängt es bei den meisten spätestens dann mit den Minderwertigkeitskomplexen an, wenn man sich sogar selbst wie ein solcher vorkommt. Doch ist es genau jener Zustand, welchen der dänische Philosoph Sören Kierkegaard als notwendig für die seelisch-geistige Entwicklung hält[36]. Da wir in diesem Moment zwar hoffnungslos überfordert sind, strömt allerdings wie bereits erwähnt sehr viel Liebe auf uns ein, welche uns wiederum zu einer stärkeren Persönlichkeit machen will, insofern wir die ganze Geschichte annehmen.

---

36 Kierkegaard, Sören, Die Krankheit zum Tode, S. 33-36, 2005

Kommen wir also nach all dem peinlichen Kuddelmuddel wieder zu uns, stehen wir, glaube man Kierkegaard, auf einer höheren geistigen Stufe als zuvor. Und wer von uns fühlt sich denn schon immer toll und stark?!

Gehört es nicht vielmehr zum Menschsein dazu, sich auch mal dumm und schwach vorzukommen, mal der Idiot und mal der Depp zu sein, um in einem anderen Moment wieder das Genie in uns aufscheinen zu lassen?! Leider resultieren aus jenem Zustand wie oben angesprochen oft Minderwertigkeitskomplexe, aufgrund derer sich dann sonst so ausgeglichene Menschen plötzlich versuchen, künstlich zu erhöhen oder möglichst selbstbewusst und stark zu wirken, um vor anderen, aber auch nicht zuletzt vor sich selbst das Gefühl der eignen Trotteligkeit zu verdecken. Lasst uns nicht zu diesen Menschen gehören! Lasst es uns annehmen, nicht zuletzt, um uns weiterzuentwickeln! Die ganze Welt (auch wir selbst) darf wissen, dass wir ein Trottel sind! Denn wird nicht oft von Heiligen oder bedeutenden Persönlichkeiten berichtet, welche sich stets klein und schwach fühlten, während Wahnsinnige und Diktatoren stets vor Hochgefühlen strotzten?!

Die Stoa – Seelenruhe gegen Stress

Mit ähnlichen und noch viel schlimmeren Situationen hatte der Gründer der Philosophie der Stoa, namentlich Zenon von Kition zu kämpfen, als er einst bei einem Schiffbruch alles verlor und doch noch irgendwie klarkommen musste[37]. So kam er auf den resilienten Gedanken, seine Emotionen zurückzuschrauben, um so schließlich wieder zur Ruhe zu kommen und dadurch das Gleichgewicht wieder zu finden. Einige Zeit später behauptete Epiktet, ein weiterer Anhänger dieser Schule, unsere Vorstellungen und Gedanken von den Dingen seien weitaus schlimmer als die Dinge selbst[38]. So haben die Philosophen der antiken Strömung der Stoa erkannt, inwiefern negative Dinge wie etwa Hass, Streit, Eifersucht, Ausschweifung, Unzufriedenheit, Unvernunft und Unglaube vor allem im emotional erregten Zustand auftreten, während positive Eigenschaften und Gegebenheiten wie etwa Liebe, Fürsorge, Besonnenheit, Zufriedenheit, Freundschaft, Glauben, Vernunft und Friede sich vor allem im ruhigen, emotionslosen Zustand wiederfinden. Kein Geringerer als Johann Wolfgang von Goethe sagte einmal, es würden zwei Seelen in seiner Brust ruhen[39]. Und haben wir selbst nicht auch mal das Gefühl, ganz überzeugt von etwas zu sein, um 2 Minuten später wieder eine völlig andere Meinung zu vertreten?! Dieses hin- und hergerissen Sein mag wohl an unserem inneren Zustand der Ruhe bzw. Emotionsge-

37 Holiday, Ryan, Das Leben der Stoiker, S. 16-39, 2020
38 Epiktet, Das Buch vom geglückten Leben, S. 13, 2006
39 https://www.gutzitiert.de/zitat_autor_johann_wolfgang_von_
    goethe_thema_seele_zitat_18635.html am 22.04.2024

ladenheit liegen. Sind wir ganz still, ruhig, innerlich ausgeglichen tritt umso stärker unser Gewissen hervor, welches nach Thomas von Aquin mit unserer Vernunft gleichgesetzt werden kann. Befinden wir uns jedoch im emotionalen Zustand, scheinen uns oft unsere klarsten Erkenntnisse nicht mehr so ganz geheuer, was daran liegt, dass nicht nur unser emotionales, sondern dadurch auch unser rationelles Denken gestört ist. Nicht zuletzt beruhen daher wohl fast alle unguten Strömungen – vom Atheismus bis zum Satanismus, vom religiösen Fanatismus bis zum rechten oder linken Faschismus – auf Emotionen, da hierdurch eine dauerhafte Verblendung des Geistes gewährleistet wird, wodurch solch krankhafte Denkweisen treiben und wachsen können. Schließlich mag auch die eheliche Beziehung genau dann in die größte Krise kommen, wenn zu viel Emotion im Spiel ist. Muss man seinem Partner bei jeder Gelegenheit sagen, wie sehr man ihn liebt, und dass man sich ein Leben ohne ihn gar nicht mehr vorstellen könnte, sollten beim anderen die Alarmglocken läuten, ob dies noch alles so aufrichtig und ehrlich gemeint ist, oder ob hier nur durch Emotion die Tatsache verschleiert wird, sich sonst nicht mehr recht viel zu sagen zu haben. Hierzu bemerkt der französische Philosoph Francois de la Rochefoucauld, inwiefern man mit wachsender Leidenschaft der Liebe, dem Hass umso näherkomme.[40]

So sagte die Stoa den Leidenschaften und unruhigen Regungen des Geistes den Kampf an und propagierte fortan, diese fernzuhalten. Auf diese Weise wurde und wird jedoch die Stoa oft missverstanden, da man leicht auf den Gedanken kommen kann, Gefühle seien von Grund auf zu vermeiden. Nach meinem Verständnis jedoch sind nur egoistische, d. h. selbsterzeugte Gefühle zu vermeiden, während natürliche, von außen kommende Gefühle durchaus ihre Berechtigung erfahren und zugelassen werden dürfen. In der modernen Psychologie spricht man hier

---

40 https://www.aphorismen.de/zitat/171445 am 20.04.2024

von sekundären und primären Gefühlen. Es solle der Mensch quasi immer so gut es geht von sich aus in einem emotionslosen, fast schon gleichgültigen Zustand verharren, um schließlich nur Gefühle zu erwidern, sobald diese ihm auf natürliche Weise widerfahren, sich gleichzeitig aber auch nicht in denselben verlieren. Über die Tatsache, grundsätzlich auch Gefühle und Regungen zulassen zu sollen, weiß der römisch-stoische Philosoph Seneca bestens Bescheid, wenn er zu seinen Maximen zählt, man solle sich nicht gegen das Schicksal sträuben, da freiwillig im Einklang mit dem Schicksal zu gehen leichter sei, als von demselben dazu gezwungen zu werden[41]. So ist auch die ganze Philosophie der Stoa darauf ausgerichtet, stets im Einklang mit dem Schicksal und seinem eigenen Innenleben zu bleiben. Um Dinge, auf welche man Einfluss habe, wie etwa eigene Einstellungen und Entscheidungen, Ansichten, oder die eigene Moral, solle man sich besonders bemühen, während man sich über andere Gegebenheiten, wie z. B. die Gesundheit seiner Freunde, den eigenen Ruf, die eigene Gesundheit oder das Gelingen von Wettbewerben nicht allzu sehr den Kopf zerbrechen solle, da diese nur bedingt dem eigenen Einfluss unterlägen. Auch solle man sich selbst nicht allzu wichtig nehmen, da dies erstens die innere Ruhe gefährde, und des Weiteren wir ohnehin nicht allzu bedeutend auf dieser Welt seien. Gedanken darüber lassen sich besonders in Mark Aurels „Selbstbetrachtungen" nachlesen, in welchen er davon schreibt, wie viele Menschen schon da waren, noch kommen werden, und inwiefern der Mensch nur ein winziges Lebewesen im Kosmos sei, welches nach seinem Tode auch schon bald wieder vergessen sei. Mögen solche Gedanken vielleicht auf manchen Menschen sehr pessimistisch wirken, so führen sie doch oft zu dem Ziel, das eigene Ego zu hemmen, um schließlich dadurch die Seelenruhe zu finden. Schon bald sagten die Philosophen der Stoa auch den körperlichen Bedürfnissen oder auch Leidenschaften nach Essen, Schlaf oder Sexualität den

---

41 https://gutezitate.com/zitat/245126 am 22.04.2024

Kampf an. Der Stoiker solle sich weder übermäßig vollfressen noch den ganzen Tag schlafen oder sich sexuellen Ausschweifungen hingeben, da diese nach kurzem Genuss schließlich doch zur Unzufriedenheit führen und so die Seelenruhe stören. Man solle stets bedenken, wie die Welt nach jenem Genuss aussehe, und sich klar werden, inwiefern der Genuss nur kurze Zeit, die daraus hervorgehende Schande aber oft ein Leben lang zugegen sei, besonders wenn es sich um egoistische Taten handle. Sozusagen solle der Geist, der gute Wille im Menschen stets über die Triebe herrschen, und das Gewissen allein entscheiden, ob ein Bedürfnis zugelassen werden soll oder nicht. Wir mögen solche Situationen vielleicht unter dem allseits bekannten Spruch „Der Geist ist willig, jedoch das Fleisch ist schwach" kennen. Aber auch andere Situationen aus heutiger Zeit führen uns die Philosophie der Stoa vor Augen. Beispielsweise wenn ein junger Mann durch starke Emotionen versucht, seine angebetete Dame zu beeindrucken, jene aber nur genervt die Augen verdreht, da ihr solch emotionsgeladenen Komplimente zur Genüge bekannt sind. Prinzipiell, denke ich, ist es so, dass Ehrlichkeit und Freundlichkeit am besten im emotionslosen Zustand zutage treten. Ist der Geist leer und frei von egoistischen Emotionen, sozusagen nicht gerade mit sich selbst beschäftigt, ist derselbe auch offen für den anderen, für das Gegenüber, kann diesem zuhören und behutsam dessen Gefühle in sich aufnehmen. Sind wir jedoch zu sehr mit unseren eigenen Gedanken, Emotionen und Willensregungen beschäftigt, scheint oft die Brücke zum anderen wie abgeschnitten, wir sind nicht offen. Je verkrampfter wir uns schließlich bemühen, Eindruck zu schinden oder in ein gutes Licht zu stellen, desto verschlossener werden wir unbewusst, womit wir uns – ob wir es wollen oder nicht – immer mehr von unserem Gegenüber distanzieren. So finden wir wie anfangs erwähnt in allen großen Weltreligionen den Aspekt dieser inneren Ruhe, wodurch eine Öffnung gegenüber Gott, uns selbst und unseren Mitmenschen erreicht werden soll. Diese Tatsache wirft freilich auch ein völlig neues Licht auf das Phänomen des Autismus, welche der Psychologe

Simon Baron Cohen[42] einst als extrem männlich-rationelle Ausprägung bezeichnete. Inwiefern Autisten aufgrund ihrer Emotionslosigkeit allerdings weniger oder vielleicht insgeheim sogar verstärkt bindungsfähig sind, dazu kann ich aufgrund mangelnden Wissens nichts sagen. Ich möchte nur dazu appellieren, der Abwertung jener Menschen vorzubeugen und ihnen vielleicht sogar eine verstärkte Wertschätzung entgegenzubringen. Sehr wahrscheinlich scheint mir allerdings, inwieweit Autisten durch ihre Emotionslosigkeit aufnahmefähiger für ihre jeweiligen Spezialgebiete sein mögen. War es auch schon Edmund Husserl, der zu Beginn des 20. Jahrhunderts die betrachtend-emotionslose Unvoreingenommenheit, welche er als *epoche* bezeichnete, die wohl wissenschaftlichste Betrachtungsweise nannte. Wenn wir völlig gleichgültig und unvoreingenommen von eigenen Interessen oder Willensregungen seien, nähmen wir wohl die Dinge am ehesten so wahr, wie sie wirklich von sich aus sind. Während der durchschnittliche Mensch stets den Fokus nach außen legt, um seinen Gefühlen, gewissen Ereignissen oder Lebenssituationen Bedeutung zuzumessen und sich je nachdem so oder so innerlich zu stellen, bleibt der Stoiker immer bei sich selbst, betrachtet das ganze Leben quasi als reine Nebensache. Letztendlich, denke ich, ist eine emotionslose innere Haltung, wie sie die Philosophie der Stoa oder auch Edmund Husserl beschrieb, immer stark verbunden mit dem Niedergang des eigenen Stolzes, des eigenen Bedeutungsstrebens, da hierbei der Mensch offen für die Liebe wird, welche dem Stolze entgegenstehen mag. Auch hier kann das Prinzip gelten: „Mach dich klein, um groß zu werden". Denn je emotionsloser wir durchs Leben gehen, desto offener werden wir werden, je offener wir aber sind, desto mehr Liebe und Wissen werden wir in uns aufsaugen, wodurch wir schließlich zur starken Persönlichkeit heranwachsen mögen. Der amerikanische Mönch Thomas Keating beschrieb in seinen Meditationen in etwa, wie ich mir auch ein Leben als

---

42 Kindersley, Dorling, Das Psychologie Buch, S. 298-299, 2012

Stoiker, d. h. als vernünftiger Mensch vorstelle. Hierbei geht es darum, selbst immer das in sich ruhende, emotionslose Subjekt zu sein, welches Gedanken, Gefühle, Eindrücke, Sympathie wie Antipathie kommen und gehen lässt, ohne ihnen eine tiefere Bedeutung oder Emotion zuzuschreiben.

Wille und Emotion

Betrachten wir angesichts dessen die Ausführungen jenes Königsberger Philosophen, welcher als Inbegriff der Aufklärung in die Geschichte einging, wird schnell klar, inwiefern ein ruhiges, emotionsloses Gemüt auch einen guten Willen hervorrufen mag. Für Immanuel Kant ist einzig und allein der gute oder böse Wille das entscheidende Kriterium für die Bewertung eines Menschen. Nichts in aller Welt sei so rein und gut wie ein guter Wille, schreibt er bereits in seiner Grundlegung zur Metaphysik der Sitten[43]. So seien selbst kluge Menschen umso furchtbarer, insofern sie bösen Willens seien, dumme Menschen aber auf gewisse Weise dennoch liebenswert, insofern sie an ihrem guten Willen festhielten. Da sich ein guter oder böser Wille direkt auf unser eigenes Gewissen auswirkt, wird schnell klar, inwiefern nicht jede gut scheinende Tat gut und nicht jede schlecht erscheinende Tat schlecht sei. Schenken wir unserem Chef nur Blumen, weil wir uns davon eine Gehaltserhöhung erwarten, kann dies nicht als gute Tat bezeichnet werden. Schimpfen wir hingegen unser Kind, um es zu erziehen und zu Besserem zu belehren, ist dies wiederum auch nicht wirklich etwas Schlechtes. Oft bleiben die geheimen Intensionen allen anderen verborgen, jedoch wir selbst – und auch Gott – wissen es, was uns daher ein gutes oder ein schlechtes Gefühl zu geben vermag.

Aber ist der Wille zwangsweise mit der Emotion verbunden?! Ich denke, wenn dies auch nicht vollständig unterschrieben werden kann, so ist doch eine gewisse Tendenz feststellbar, was ja

---

43 Kant, Immanuel, Grundlegung zur Metaphysik der Sitten, S. 10, 1785

im letzten Kapitel bereits beleuchtet wurde. Machen wir zunächst einen Versuch: Beschimpfen wir zunächst unseren besten Freund mit ruhigem, gelassenem Gemüte als *fiese Drecksau*. Drücken wir uns wirklich entspannt und ruhig aus, werden wir vielleicht einen gewissen Witz und Humor bei diesem Satz feststellen, vermutlich wird unser guter Freund dabei auch lachen müssen, insofern er denn auch wirklich ein guter Freund ist. Nun aber lasst uns die Beleidigung der *fiesen Drecksau* wiederholen, aber diesmal mit starken, selbst erzeugten Emotionen. Schnell werden wir uns der Ernsthaftigkeit unserer Beschimpfung bewusst. Vielleicht wird unser Freund auch dieses Mal lachen, aber vielleicht auch nur, um zu verbergen, von uns ein klein wenig verletzt worden zu sein. Diese fast unleugbaren Tatsachen mögen uns klarmachen, inwiefern der dänische Philosoph Sören Kierkegaard vielleicht doch recht hatte, indem er sagte, dass Verschlossenheit immer eine Tendenz zum Bösen, Offenheit jedoch immer eine Tendenz zum Guten darstelle. Inwieweit Emotion mit Verschlossenheit und Emotionslosigkeit mit Offenheit zu tun hat, aber lehrt uns die Stoa. Aufbauend auf dieser Tatsache bezeichneten gescheite Theologen schließlich Satan auch als das nahezu völlig verschlossene Wesen, während Jesus Christus als der absolut aufgeschlossene und offene, sozusagen als der perfekte Stoiker erscheint.

Besonders gut oder besonders scheiße?!

Insofern entscheidet die innere Haltung freilich auch, wie die Dinge zu bewerten sind, welche wir so machen und tun. So gibt es viele Dinge, welche das Potential besitzen, enorme Liebe zu entfalten, währenddessen sie unter schlechter Intension wertlos, oder gar böse sind. Gemeint sind jene Dinge, welche völlig außerhalb der Norm zu sein scheinen. Oft sind sie verbunden mit Einstellungen oder Handlungen, welche gegen den Mainstream gehen. Da kostet ein Artikel beispielsweise 5,50 Euro, und man bekommt nicht wie erwartet 6,00 Euro Trinkgeld, sondern eben 5,90 oder 6,10 Euro. Da bestellt einer einen Espresso, weist aber deutlich darauf hin, jenen in einem Bierkrug serviert bekommen zu wollen. Schließlich können wir solche Dinge auch in der Natur, bzw. bei Gott finden. Wir finden sie zunächst etwas harmloser in den Naturgesetzen. Beträgt die von Newton entdeckte Erdanziehungskraft beispielsweise 9,81 m/s, statt 10,0, oder die Zahl, mit welcher wir in der Mathematik Kreise berechnen, läuft nicht exakt auf 3,00 hinaus, sondern eben auf 3,141592654 ... Ernsthafter würden wir uns vermutlich fragen, wenn wir 100.000 Euro im Lotto gewinnen, um anschließend selbiges Geld wieder bei einem Einbruch zu verlieren. Und doch ist nicht zu leugnen, inwiefern Gegebenheiten wie diese einen gewissen Charme versprühen. Nicht der Mensch, welcher der Kassiererin 6,00 Euro gab, sondern eben jener, welcher es auf 5,90 ausgehen ließ, wird der Kassiererin wahrscheinlich dauerhaft mehr im Gedächtnis bleiben, da er hierdurch mehr Liebe freisetzte. Grund hierfür ist vermutlich unter anderem der indirekte Ausdruck von Ernsthaftigkeit. Indem er überhaupt Trinkgeld gibt, signalisiert er, sein Gegenüber wertzuschätzen, jedoch um ihr mit jenem ungeraden Betrag gleichzeitig zu zei-

gen, dass er auf keine Erwiderung jener Wertschätzung ange-
wiesen sei, was die ganze Sache nochmal ehrlicher und aufrich-
tiger erscheinen lässt. Mit einer schlechten Intension, nämlich
nur allein durch die Intention, die Kassiererin zu beleidigen,
würde allerdings jene Tat anstatt Liebe, berechtigterweise Zorn
hervorrufen. Generell ist es wohl so, dass Menschen oder Dinge, welche uns seltsam oder komisch erscheinen, meistens sehr,
sehr schlecht oder eben sehr, sehr gut sind, weswegen es sich
rät, nicht vorschnell zu verurteilen. So mag Verschlossenheit
und geistige Überlegenheit zunächst ähnlich auf uns wirken,
den gemeinsamen Nenner des Unnahbaren besitzen. Und jener
Witz, welcher sich knapp unterhalb der Grenze der moralischen
Verwerflichkeit bewegt, scheint auch irgendwie der Lustigste
und Beste zu sein. Hier sind auch jene Gedanken des heiligge-
sprochenen Vinzenz Palotti[44] zu beachten, welcher darlegte, je
größer eine Wahrheit sei, desto absurder müsse sie erscheinen.
Und in der Tat, ist es nicht auch so?! Mathematisch logische
Wahrheiten, wie beispielsweise die Tatsache, inwiefern 3 + 4 7
ergibt, mögen zwar so ziemlich jedem einleuchten, stellen aber
somit auch keine größere Provokation dar. Etwas provokanter
ist hier schon die Unsterblichkeit der menschlichen Seele, da ja
sie auch eine größere Wahrheit ist und damit mehr Relevanz
für das eigene Leben darzustellen vermag. Schließlich finden
wir die Gipfel solcher Anstößigkeiten in der einsteinschen Re-
lativitätstheorie, welche die Absolutheit von Raum und Zeit als
unwahr entlarvt, in der kantschen Erkenntnistheorie, welche
infrage stellt, ob diese Flasche in ihrem innersten Wesen auch
wirklich eine Flasche sei, und nicht zuletzt schließlich auch im
Christentum, welches behauptet, dass ein Mensch Gott sei. Es
ist in etwa wie mit einer Mauer, welche erklommen werden muss.
Klar ist es leichter und unbeschwerter, die Mauer von 3 + 4 zu
erklimmen, aber wer die gewaltige Mauer des Glaubens an den

---

44 https://vp-uni.de/wp-content/uploads/2021/11/Gott_die_
unendliche_Liebe.pdf am 17.04.2024

Gottmenschen Jesus Christus erklimmt, hat wohl auch mehr erkannt und gewonnen. Oder wie einst der Psychologe Hans-Jürgen Eysenck feststellte, dass Genie und Wahnsinn liegen oft nahe zusammen lägen, den gemeinsamen Nenner des Unkonventionellen haben würden.[45]

---

45 Kindersley, Dorling, Das Psychologie Buch, S. 316-321, 2012

Wir kommen unserem Gewissen nicht aus

Wenn wir durch die Haltung des guten Willens mittels der Stoa uns daran gewöhnt haben, emotionslos und freundlich zu sein, wird sich dies wiederum positiv auf unser Gewissen auswirken. Ich denke, das Gesamtgewissen ist es, mit welchem wir einmal vor Gott stehen werden. Folgt man Aristoteles oder auch anderen Philosophen, so ist es schließlich auch dasjenige, was nach unserem Ableben noch übrig bleibt. Mag nach Karl Popper[46] das menschliche Selbstbewusstsein aus körperlichen (Gehirn), psychischen (Emotionen) und geistigen (Gewissen, Vernunft) Teilen bestehen, so bleibe letztendlich nur der geistige Teil davon übrig. Wie beispielsweise im Theologiestudium gelehrt wird, kann das Gewissen in ein Situationsgewissen und in ein Gesamtgewissen unterteilt werden. Während das Situationsgewissen immer vor oder nach einer bestimmten moralischen oder unmoralischen Gegebenheit aufflackert, bestimmt das Gesamtgewissen unser Lebensgefühl, da es das ganze bisherige Leben an sich beleuchtet. Daher mag es wohl auch kommen, inwiefern schlechte Menschen ständig unglücklich und unzufrieden zu sein scheinen, um sich jammernd und schimpfend durch den Alltag zu bewegen, während gute Menschen mit einem guten Gewissen so schnell nichts aus der Bahn wirft, und sie es sogar ertragen mögen, auf Hass mit Güte und Liebe zu antworten. So betrachtet, wirkt sowohl das Gesamtgewissen auf das Situationsgewissen ein, aber auch wiederum das Situationsgewissen auf das Gesamtgewissen. Ein guter Mensch mit gutem Gewissen wird freilich schwieriger dazu zu verleiten sein, Dummhei-

---

46 Popper, Karl, Alles Leben ist Problemlösen, 93-111, 1994

ten zu machen, während aber auch ein schlechtes Gesamtgewissen durch immer häufigere gute Taten sich allmählich wandelt und so aus einem unzufriedenen Menschen doch noch ein zufriedener Mensch werden kann. Doch dies braucht Zeit. Es ist das alte Beispiel indianischer Tradition vom weißen und vom schwarzen Wolf in unsrer Seele, wobei stets jener größer wird, welchen man mehr füttert.

Folgt man den Gedanken des bereits seliggesprochenen englischen Kardinals John Henry Newman[47], so sei die situationsbedingte gewissenhafte Tat ein Konglomerat von Intellekt, Erfahrung und Emotion. Durch Letztere sah er schließlich Gott bestätigt, da sich vor einem bloßen Gesetze der Mensch weder schämen noch emotional sein könnte, da er aber gezwungen sei, seine Taten vor seinem Gewissen, hinter welchem verschleiert immer Gott steckt, verantworten müsse, komme es zur Emotion. Diese Stimme Gottes sei aber durch eigene menschliche Gedanken und Willensregungen verschleiert, sodass das Gewissen auch störanfällig sei. Nach Thomas von Aquin wiederum sei aber auch einem irrenden Gewissen zu folgen, da sich der Mensch ansonsten versündige, da er nicht das als richtig Erkannte befolge, und man ihm so einen bösen Willen vorwerfen könne. Der Mensch sei schließlich begrenztes Subjekt und könne immer nur das tun, was er selbst für gut und richtig halte, abgesehen davon, ob es objektiv ebenfalls richtig sei. Freilich darf und muss sich hier jeder Mensch die selbstkritische Frage stellen, ob er sich selbst nicht etwas vormache oder das Gewissen schönrede, um letztendlich nach seinen eigenen egoistischen Vorstellungen und Wünschen handeln zu können, worauf Kant einige Jahrhunderte später aufwarf, dass die pure Neigung zu irgendetwas immer kritisch betrachtet und zuerst von der Vernunft bestätigt werden müsse.

---

47 Lozano, Carlos Gutiérrez, Christliche Weltanschauung nach Gewissheit und Dialog nach John Henry Newman, S. 135-144, 2023

Die vielleicht radikalste, aber durchaus faszinierende Sicht auf das Gewissen hatte der mittelalterliche Philosoph Petrus Abaelard[48]. Für ihn zählt einzig und allein das Gewissen, welchem er höchste Priorität zuspricht, ansonsten zählte für ihn aber quasi gar nichts. Weder Erfolg noch Ansehen, noch Verderben, Schande, Misserfolg oder Qualen bedeuten ihm etwas, solange er nur mit sich selbst und seinem Gewissen im Reinen ist. Ja manchmal scheint es sogar so, dass er sich fast unbeliebt hätte machen müssen, um seinem eigenen Gewissen treu zu bleiben. So fungiert das Gewissen sozusagen als Freifahrtschein, alles tun und lassen zu können, solange nur dasselbe nicht beschmutzt werde. Er kam zu größtem Ansehen, um dann auch wiederum von fast genauso vielen Leuten abgrundtief gehasst zu werden, was man sich bei einem solchen Lebensstil durchaus gut vorstellen kann. Auch lässt eine solche Position interessante Diskussionen wachwerden. Aus dieser Sicht wären vermeintliche Unmenschen wie Adolf Hitler oder sämtliche Selbstmordattentäter des radikalen Islams plötzlich völlig neu zu bewerten, insofern sie sich wirklich ernsthaft an ihr Gewissen hielten. Denn nach Abaelard hätten diese nicht gesündigt. Wir sehen, es bleibt schwierig. Eine Antwort kann vielleicht wieder einmal Thomas von Aquin darauf geben, insofern er dazu aufruft, sich stets zu bilden und neu dazuzulernen. Heute wissen wir, dass Adolf Hitler ein wahrscheinlich nicht sonderlich intelligenter Wahnsinniger war, welcher vielleicht sogar krank genug war, seine eigenen Taten als moralisch gut einzustufen. Ob man ihn deshalb ganz freisprechen kann, wage ich zu bezweifeln. Trotzdem ist und bleibt diese radikale Lebensform, kompromisslos seinem Gewissen zu folgen, faszinierend. Überlegen Sie sich selbst, wie es wohl wäre, geistig völlig frei, aber gleichzeitig immer völlig mit sich im Reinen zu sein. Persönlich denke ich, würde man wahrscheinlich entweder ein Tyrann oder ein Heiliger werden, und vermutlich stehen sich beide Personentypen sogar näher, als wir dies zunächst zugeben wollen.

---

48 Abaelard, Peter, Nosce te ipsum, S. 58-80, 1947

Heutzutage ist das Gewissen stark in Verruf geraten. Nicht selten löst der Satz „Das überlasse ich Deinem Gewissen" beim Menschen den Gedanken aus, er könne tun und lassen, was er wolle. Der Begründer der Psychoanalyse, Sigmund Freud[49], bezeichnete das Gewissen als *Über-Ich*, welches dem Menschen eingibt, was er für richtig halten würde, während das *Es* die eigenen Triebe und egoistischen Wünsche darstellt. Das *Ich* nun vermittelt zwischen beiden und entscheidet, was getan werden soll. Während Freud den Hauptaspekt auf das *Es* legte, stellten Psychologen der folgenden Generationen das *Ich* in den Mittelpunkt. Aber können *Es* und *Ich* wirklich adäquat den innersten Willen der Person darstellen?! Oder ist vielleicht nicht doch das *Über-Ich* der tiefste Kern des Menschen, und damit das, wonach der Mensch sich im Innigsten sehnt und was er im tiefsten Herzen wirklich will?! Anders formuliert: Nehmen Sie an, sie möchten abnehmen. Ist es da nicht die größere Freiheit, das Stück Torte nach dem Mittagessen nicht essen zu müssen, als die vermeintliche Freiheit, sich der Fresslust hinzugeben?!

Wie oben bereits angesprochen ist das Gesamtgewissen entscheidend für unser gesamtes Lebensgefühl. Zudem bestimmt unser Gewissen auch unser Charisma und damit unsere innere Freiheit. Ich vermute stark, Persönlichkeiten wie Elvis Presley, Johnny Cash, Albert Einstein, oder Wolfgang Johann von Goethe, hätten es niemals zu solcher Genialität gebracht, hätten sie nicht extrem gewissenhaft gelebt. Eben deshalb lohnt es sich, auch mal zurückzustecken, vielleicht als der Trottel dazustehen, immer und immer wieder zu verzeihen, trotzdem zu helfen, obwohl sich derjenige wirklich nur meldet, wenn er etwas braucht. Viele Menschen mögen unglücklich und unzufrieden mit ihrem Leben zu sein, ohne sich dabei jemals bewusst zu werden, inwiefern dies mit ihrer schlechten moralischen Lebensweise zu tun hat. Wie gesagt: Wir wissen bewusst und vielleicht

49 Kindersley, Dorling, *Das Psychologie Buch*, S. 94-99, 2012

noch stärker unbewusst, was wir für Menschen sind. Dem entkommt niemand. Wir wissen, was wir gesagt, geschrieben, gedacht und getan haben. Wir wissen, ob wir anderen verziehen haben. Wir wissen, ob wir im zwischenmenschlichen Umgang freundlich oder eher distanziert sind. Ja wir wissen sogar, wie wir es mit der Religion halten. All diese Gesamteinflüsse gesehen auf all die Jahre, die wir leben, machen schließlich unser Lebensgefühl, unser Selbstwertgefühl, unsere Seligkeit und Zufriedenheit aus. Kant wurde von theologischer Seite oft kritisiert, da er die Religion auf die Moral reduzierte. Ich selbst, ebenfalls Theologe, möchte ihm da nicht einmal so unrecht geben. Denn betrachtet man in augustinischer Sichtweise das Gewissen als die Stimme Gottes, wird meine Beziehung zu demselben in dem Sinne besser oder schlechter, in welchem ich auf mein Gewissen achte. Ob es nun besser ist, Gott durch gute Taten oder tägliches Gebet zu gefallen, weiß ich nicht.

Sesam, öffne Dich

Vielleicht wurde so manchem bei dem, was ich sagen wollte, eine gewisse Linie klar. Die Linie der Offenheit und die Linie des Gewissens, welche beide zusammen auch meine eigene Lebensphilosophie wohl am besten beschreiben. Immer da, wo ein Mensch sich verschließt, sich verschließt gegenüber Gott, dem anderen, und damit unausweichlich auch sich selbst, verdirbt er. Immer dort, wo er lieber seinem eigenen Egoismus, seinem eigenen Stolz folgt, um sich dabei vermeintlich toll vorzukommen, geht es mit ihm radikal bergab. Doch fast jeder Mensch ist verschlossen. Immer wieder und überall. Selten finden wir in Gesellschaft Menschen, welche die emotionale Ruhe bewahren und so offen für ehrliche innere Begegnungen sind. So entwickelte der Holocaust-Überlebende Emmanuel Levinas[50] eine Philosophie, nach welcher wir einen Menschen aufgrund seiner Anwesenheit nicht einfach ignorieren dürfen, wobei ich hierzu ergänzen möchte, dies insbesondere auch noch bei dessen Abwesenheit zu unterlassen. In der biblischen Geschichte über die Erscheinung des Engels bei Maria heißt es zum Schluss: „Und Maria bewahrte alles in ihrem Herzen."[51] Um genau diese Haltung geht es mir. Manchmal mögen wir es vielleicht noch fertigbringen, einen Menschen für kurze Zeit zu akzeptieren, um ihn nach dessen physischer Abwesenheit schließlich auf ganzer Linie abzulehnen. Gera-

---

50 https://www.dasmeerundapulien.com/c-g-jung-die-nachtmeerfahrt-als-tiefenpsychologie/emmanuel-levinas-im-angesicht-des-anderen-ethik-als-irritation/am 17.04.2024
51 Lk 2,19

de hier, denke ich, wäre es wichtig, unsere Begegnungen und Erlebnisse nicht abzustreifen, sondern im Herzen zu bewahren, da sie nur auf diese Weise ehrlich gemeint sind, was sich schließlich auch wiederum auf unser Gewissen auszuwirken vermag. Die Tatsache, sich selbst toll vorzukommen und auch wirklich selbst toll zu sein, ist eben meist ein großer Unterschied. Tyrannen und Gewaltherrscher, arrogante Menschen, Perverslinge und Sadisten mögen sich stets toll vorkommen, während geistreiche Schriftsteller, Philosophen und besonders oft auch heiliggesprochene Persönlichkeiten davon berichten, sich ganz schwach und klein zu fühlen. Besonders deutlich wird dies beispielsweise an der Lebensphilosophie der *kleinen* Therese von Lisieux[52], welche stets betonte, klein und voller Liebe sein zu wollen. Mögen wir in Zukunft fern von Komplexen bleiben, wenn wir uns klein und schwach fühlen, und mögen wir uns umso kritischer betrachten, wenn wir uns plötzlich ganz groß und stark vorkommen. Offenheit aber entsteht wie oben beschrieben zunächst durch Emotionslosigkeit, durch eine Betonung der Rationalität, wodurch das eigene Gewissen umso stärker hervortritt, da die Emotion ihr nicht mehr störend im Wege steht. Insofern kann Offenheit, Emotionslosigkeit und Gewissenhaftigkeit gleichgesetzt werden. Hierbei gilt anzumerken, inwiefern ich Emotionslosigkeit nicht mit Gefühlskälte gleichsetzen möchte. Genau genommen würde ich nämlich Emotionslosigkeit sogar als Gefühlswärme bezeichnen. Auf dieselbe Weise, wie ein Musiker nur dann fähig sein wird, gefühlvoll zu singen, wenn er auf egoistische Emotionen verzichtet, werden auch wir nur dann für die Welt der wahren Gefühle offen, wenn wir auf trügerische Emotionen verzichten. Wenn wir aufhören, uns selbst irgendetwas vorzuspielen, was wir dann Gefühl oder unter Umständen auch noch Liebe nennen, das in Wirklichkeit aber nichts als unser eigener Egoismus ist.

---

52 https://www.theresienwerk.de/kleiner-weg am 17.04.2024

Sind wir offen, d. h. rational und emotionslos, verbinden wir uns ganz automatisch mit jenen Menschen, welche ebenfalls vernünftig und offen sind. Auch distanzieren sich unvernünftige, verschlossene Seelen ganz automatisch von uns. Wir müssen also niemals so weit gehen, bewusst vermeintlich böse Menschen abzulehnen. Denn sind wir offen, nähert sich ganz automatisch das Gute an uns an, während das Böse sich von uns auch ohne eigenes Zutun entfernt. Jedoch, unter Umständen kann auch das Gute als böse, oder das Böse als gut erscheinen. Es geschieht immer dann, wenn böse Menschen um die Anziehungskraft des Guten wissen, um sich diese zu eigen zu machen. Oder eben, wenn schwierige Charaktere eine gute Organisation vertreten, wie dies ja besonders in den christlichen Kirchen schon oft der Fall war. Oft scheint es sogar so zu sein, als ob böse Menschen anfangs besonders offen und unkompliziert erscheinen, wobei reinere Seelen sich anfangs eher bedeckt halten. Hier rät es sich jedoch weiterhin schon fast in einer naiven Art, an der Aufgeschlossenheit festzuhalten. Denn wer vorschnell urteilt, schiebt den anderen in eine Schublade, in welcher er aufgrund von Vorurteilen ein verzerrtes Bild von ihm bekommt. Nur wer dauerhaft neutral und offen bleibt, dem werden sich die Menschen und die Dinge früher oder später genau so zeigen, wie sie in Wirklichkeit sind. Mal dauert es Tage, mal Wochen, mal Monate. Doch je länger der Zeitraum, in welchem dem anderen Menschen Gelassenheit entgegengebracht wird, ist, desto schwerer wird dieser sich tun, sein wahres Ich zu verbergen. Meiner Meinung nach verlieren wird zudem das Recht, einen anderen Menschen kritisieren zu dürfen, sobald wir denselben innerlich ablehnen. Denn durch die Ablehnung bekommen wir selbst ein durch Emotion verzerrtes Bild, welches der objektiven rationalen Wahrheit oft längst nicht mehr entspricht. Wir verharren schließlich in dem Bild, welches wir uns einst zurechtgemacht haben, um dabei völlig zu ignorieren, wie sich jener Mensch entwickelt. Die Welt von heute hat Grenzen der Offenheit und dadurch auch Grenzen der Wahrnehmung. Nicht wenige würden wahrscheinlich Mörder, Kinderschänder oder Radikale egal welcher Gruppierung als Unmenschen abtun, ohne sich um eine ernsthafte Auseinandersetzung mit diesen zu bemühen. Ich möchte damit nicht sagen, dass solche Menschen positiv und gut seien. Jedoch macht es einen Unterschied, auch für die eigene Person, ob wir gewisse Menschen hassen oder ablehnen. Denn Hass kann unter Umständen seine Berechtigung haben, Ablehnung verblendet die eigne Person und kann daher niemals gerecht sein.

Das Leben als Trottel

Man muss also ein Trottel sein, um es in dieser Welt zu etwas zu bringen?! Immer?! Nein, nicht immer, aber immer öfter!! Kurz und knapp gesagt, gilt es, das Gefühl von Moral, Vernunft und des menschlichen Niveaus, welches im emotionslosen Zustand entstehen mag, möglichst immerwährend durchzuhalten, was ja wiederum auch schon Kant andeutete. Falls Sie sich entschließen sollten, ein Leben als Trottel, so wie ich ihn beschrieben habe, zu führen, können Sie sich auf sehr viel Hass, aber auch sehr viel Liebe einstellen. Vermutlich wird man Sie verspotten, auslachen, demütigen und hassen, dann aber auch wieder lieben, loben und in den Himmel heben. Ähnlich mag es wohl jeder Person ergehen, welche in radikaler Weise auf sein Gewissen hört. Sokrates und Jesus Christus wurden hingerichtet, aber auch sie sind es, welche noch nach über 2 000 Jahren nach ihrem Tod als die Inbegriffe der Weisheit und der Liebe in den Köpfen der Menschen geblieben sind. Einen *Trottel* bemerkt man nicht so schnell, er erscheint zunächst nicht als der großartige, tolle Typ, der sofort begeistert. Seine Mühlen mahlen langsamer. Erst nach einiger Zeit werden sich die Menschen klar werden, mit wem sie es zu tun haben. Bleibt dies jedoch aus, ja würde man auch nie in seinem ganzen Leben so etwas wie Anerkennung erfahren, würde ich dennoch an meinem Konzept des glücklichen Trottels festhalten. Denn selbst, wenn Sie die ganze Welt hasst, können Sie dabei sicher sein, dass Gott und Sie selbst sich sehr gerne haben werden.

Wir sind am Ende unserer kleinen Reise in das Land der Trottel angelangt. Wir gehen virtuell durch eine Halle mit Büsten jener Persönlichkeiten, welche uns in dieser kleinen Schrift mit ihren philosophischen Weisungen den Weg zeigten, und auf geheimnisvolle Weise scheint in jenen Statuen – wie Hegel in seiner Ästhetik andeutet[53] – der Geist dieser Personen immer anwesend zu sein. Jene Personen wären sich vermutlich nicht zu schade gewesen, als Trottel in dieser Welt zu gelten, und damit setzten sie sich ein Denkmal für die Ewigkeit. Ganz oben, so weit oben, dass wir es nicht mehr wahrnehmen können, thront Gott, welchen weltlich eingestellte Leute vielleicht als den größten aller Trottel bezeichnen würden. Aber genau dies macht wahrscheinlich auch seine Gottheit aus. Er schaut uns zu, und vielleicht lächelt er, wenn wir mal wieder versuchen, uns zur Schau zu stellen, um uns oder anderen zu zeigen, wie toll wir sind.

---

53 Hegel, Gottfried Wilhelm Friedrich, Einleitung in die Ästhetik, S. 60/61, 1985

Namensverzeichnis

Abaelard, Petrus
Adler, Alfred
Ahrendt, Hannah
Aquin, Thomas von
Aristoteles
Aurel, Mark
Aurelius, Augustinus
Baron Cohen, Simon
Bingen, Hildegard von
Bonelli, Raffael
Bowlby, John
Cash, Johnny
Christus, Jesus
De Chardin, Teilhard
Einstein, Albert
Emerson, Ralph Waldo
Epiktet
Eysenck, Hans Jürgen
Freud, Sigmund
Goethe, Johannn Wolfgang von
Guardini, Romano
Hegel, Gottfried Wilhelm Friedrich
Hitler, Adolf
Holiday, Ryan
Humboldt, Wilhelm von
Husserl, Edmund
Kaiser, Friedrich II.
Kant, Immanuel

Keating, Thomas
Kierkegaard, Sören
Leibnitz, Gottfried Wilhelm
Levinas, Emmanuel
Luther, Martin
Martin, Therese von Lisieux
Meister, Eckhard
Muttergottes, Maria
Nazareth, Joseph von
Newman, John Henry
Newton, Isaac
Nin, Anais
Otto, Rudolph
Pallotti, Vinzenz
Paulus, Apostel
Popper, Karl
Presley, Elvis
Rochefoucauld, Francois de la
Sales, Franz von
Sankt, Basilius Kappadokier
Schiller, Friedrich
Seneca, Lucius Annaeus
Sokrates
Zenon, Kition von

Der Autor

Thomas Hofmann, 1985 in ein katholisches Elternhaus im bayrischen Schwandorf geboren, schließt eine Lehre als Schornsteinfeger ab. Nach der Genesung von einer zwei Jahre andauernden psychischen Erkrankung holt er sein Abitur nach, um ein Theologie-Studium zu absolvieren. Im Anschluss an sein Studium wird er als Priester abgelehnt und arbeitet seither in mehreren Mini-Jobs. Bei seiner ehrenamtlichen Tätigkeit im Altenheim sah er schon mehrere Menschen sterben, scherzt aber auch gern mit ihnen, oder führt tiefsinnige Gespräche. Zu seinen Lieblingsaktivitäten gehören das Musikhören und das Schwimmen, in dem er in seiner Jugend sehr erfolgreich war. Dass vor allem auch das Lesen zu seinen liebsten Freizeitbeschäftigungen gehört, zeigt seine erste Veröffentlichung „Als Trottel ist man glücklicher".

novum ⬛ VERLAG FÜR NEUAUTOREN

Der Verlag

*Wer aufhört
besser zu werden,
hat aufgehört
gut zu sein!*

Basierend auf diesem Motto ist es dem novum Verlag
ein Anliegen, neue Manuskripte aufzuspüren, zu ver-
öffentlichen und deren Autoren langfristig zu fördern.
Mittlerweile gilt der 1997 gegründete und mehrfach
prämierte Verlag als Spezialist für Neuautoren in
Deutschland, Österreich und der Schweiz.

**Für jedes neue Manuskript wird innerhalb we-
niger Wochen eine kostenfreie, unverbindliche
Lektorats-Prüfung erstellt.**

Weitere Informationen zum Verlag und
seinen Büchern finden Sie im Internet unter:

www.novumverlag.com

Zeitfracht Medien GmbH
Ferdinand-Jühlke-Straße 7
99095 Erfurt, Deutschland
produktsicherheit@kolibri360.de